¡Vamos al circo!

Guía didáctica
de Begoña Beutelspacher

AF723034

Ernst Klett Sprachen
Stuttgart

¡Vamos al circo!
Guía didáctica

Autora:
Begoña Beutelspacher

Asesora pedagógica:
Encina Alonso

Ilustración:
Anke Jessen

1ª Edición 1 8 7 6 | 2022 21 20

La última cifra se refiere al año de esta tirada.

Dirección en Internet: www.klett-sprachen.de

 ISBN: 978-84-8443-135-0
Dirección en Internet: www.difusion.com

Maqueta: Andrea Schmid
Redacción: Cristina Palaoro

Impreso en Alemania por Elanders GmbH, Waiblingen

ISBN 978-3-12-514215-2

9 783125 142152

ÍNDICE	PÁGINA

Introducción

Bienvenidos al circo

Bienvenidos a nuestro libro para aprender español. Seguramente usted estará de acuerdo con nosotros en que el contacto temprano de los niños con una segunda lengua es darles un pasaporte para el mundo. Pero el aprendizaje de idiomas es mucho más que esto. Además de ser una necesidad en la sociedad actual, realizado a una edad temprana amplía la competencia lingüística en la propia lengua y favorece el desarrollo cognitivo, social, musical, sensorial y motriz de los pequeños.

Razón de la Guía didáctica

Esta guía es para usted. Nuestro propósito es ayudarle a trabajar con el libro de texto. Queremos darle sugerencias de cómo trabajar cada página, cómo montar las actividades e incluso darle algunas otras ideas que no están en el libro y que cada uno de ustedes podrá adaptar, simplificar o enriquecer de acuerdo con las necesidades de su grupo. Intentaremos ayudarle en su trabajo y servir de compañero para que no se sienta tan solo/a a la hora de trabajar con el libro. Estamos con usted. En esta guía, además de acompañarle en cada página, le ofrecemos también: transcripciones de las letras de las canciones y poesías del CD que acompaña al libro. Dieciocho páginas de material fotocopiable con ideas para trabajar en la clase.

Concepción del libro del alumno

¡Vamos al circo! Es un libro dirigido a niños de edades comprendidas entre los 6 y 10 años que empiezan a aprender español. A través de una historia que se centra en el tema del circo, los niños aprenderán los saludos y despedidas, el vocabulario relacionado con los animales, los números, los colores, los alimentos, la ropa, el cuerpo y la naturaleza. Hemos elegido el tema del circo porque atrae a todos los niños y porque es un mundo que, con sus protagonistas, payasos, magos, trapecistas y tantos otros, no tiene fronteras. ¡Todo es posible en el circo! Además en el circo convive gente muy diversa: diferentes nacionalidades, culturas e idiomas que pueden ayudar a los aprendices de español a ampliar su visión del mundo.

Objetivo del libro

El objetivo de *¡Vamos al circo!* es que los niños adquieran los primeros conocimientos de español de forma natural a través de juegos, dramatizaciones, poesías, canciones y ejercicios muy sencillos de lectura y escritura, respetando su ritmo personal y despertando en ellos el interés por una cultura diferente.

Estructura del libro

El libro consta de diez unidades con unos títulos que hacen referencia a los contenidos: *presentación, los animales, los números, la familia, los colores, los alimentos, la ropa, el cuerpo, la naturaleza* y *vamos a repasar.*
Es un libro fácil de manejar tanto para los niños como para el/la docente. Con este propósito:

- en la primera página aparece el programa del circo en el cartel que la niña acaba de pegar.
- a la derecha de la página se incluye el índice con los logos, colores y páginas correspondientes.

Cada capítulo se reconoce por un color y un logo que aparecen en la parte superior. Ejemplo: unos globos y el color rojo para el bloque de los colores o un helado y el color verde para el de los alimentos.

Introducción

- Cada unidad tiene seis páginas y comienza con un dibujo a gran tamaño. Las páginas están numeradas tanto en cifras como en letras para ayudar a su identificación.

- Existen tres logos que aparecen a lo largo del libro:

el mono Pepe con un lápiz, que significa que hay una actividad en la que se escribe.

el mono Pepe con un pincel, que significa que hay una actividad en la que se pinta.

el pelícano Zulu, que significa que hay una actividad en la que se canta o recita.

- Las invitaciones al diálogo están puestas en viñetas en las que diferentes personajes del libro nos invitan a hablar.

Metodología

Creemos en un enfoque comunicativo de la enseñanza de las lenguas y también creemos que el despertar los cinco sentidos y la motricidad ayuda al aprendizaje. Consideramos que la lengua debe ser un medio y no un fin en sí misma, que los niños tienen que realizar tareas con lo que están aprendiendo. Y así encontrarán que este libro está lleno de actividades, tareas, canciones y juegos.

Los juegos tienen una función vital importantísima: preparan y ejercitan al niño para las exigencias de la vida adulta. Satisfacen en los niños la necesidad de expresarse, de crear, de liberar sus emociones. Por todo esto, los juegos son una parte esencial en la enseñanza de la lengua en estas edades. Nosotros proponemos juegos que favorecen la cooperación y no la competitividad, juegos donde los alumnos se muevan, integren su cuerpo y sus cinco sentidos.

Las canciones ayudan a los niños a la memorización, a la adquisición de la pronunciación y entonación. Además, las canciones infantiles son parte de la cultura. Muchas veces estas canciones están acompañadas de juegos o bailes que se realizan en corro. Las canciones favorecen el elemento lúdico y el concepto de grupo.

Las tareas aparecen a lo largo del libro. En ellas el alumno utiliza lo que acaba de aprender y en muchos de los casos lo personaliza. Por ejemplo: Ahora voy a dibujar y hablar de mi familia o de la estación del año que a mí más me gusta.

El circo está aquí. Todo está preparado.
"Pasen, señoras y señores, niños y niñas, bienvenidos al circo."

Contenidos

Vocabulario: circo, avión, barco, coche, chocolate, dragón, elefante, fantasma, gato, helado, indio, jirafa, kilo, león, llave, mono, niña, niño, oso, perro, queso, ratón, serpiente, té, uno, vaca, waterpolo, xilófono, yoyó, zapato.

Expresiones útiles
¡Bienvenidos!
Hola, ¿cómo te llamas?
¡Hola!, me llamo...
¡Hola!, soy...
Y yo soy...
Mi profesor, mi profesora se llama...
¡Hola, buenos días!
¡Buenas tardes!
Adiós, buenas noches.
Hasta mañana.¡Hasta luego!

¡Primer día de clase!

Llegue unos minutos antes y decore el aula. Salude individualmente a cada niño y a sus padres a medida que van llegando.
Intente conocerlos un poco y averigüe qué los animó a elegir el curso de español para sus hijos. Si tiene una cámara fotográfica, puede aprovechar este momento para hacer algunas fotos de los niños solos o de los niños con sus padres.
Confeccione una lista del material que se necesita para la clase y repártala.

- *Libro de texto: ¡Vamos al circo!, Editorial Klett/ISBN: 3-12-514213-x*
- *lápiz, lápices de colores*
- *goma*
- *sacapuntas*
- *pegamento*
- *tijeras*
- *un cuaderno*
- *una foto*

Después de los saludos los niños escriben su nombre en una gran tarjeta. Se puede acordar con ellos si quieren conservar su nombre real o adoptar un nombre hispano, por lo que el/la docente habrá escrito en la pizarra una serie de nombres, por ejemplo: *Carmen, Elena, Manuel, José*, etc. Ellos pueden ele-

Objetivos

- Despertar el interés por la lengua española
- Conocerse en el grupo
- Presentaciones
- Aprender nombres frecuentes en España y Latinoamérica
- Saludos y despedidas
- Familiarizarse con la fonética española: el alfabeto

gir. La pronunciación de estos nombres nos está abriendo las puertas al mundo de la pronunciación. Estos cartelitos los colocarán en sus mesas -si las tenemos -o se los colgaremos de tal forma que nos ayude a conocernos. Usted se colgará también su nombre.

Página introductoria

Material necesario: un micrófono, un sombrero de copa, música de circo (recomendamos el CD que acompaña al método)

Procedimiento: antes de abrir el libro podría ponerse una música típica de circo y preguntar a los niños qué tipo de música es, qué les recuerda. Abrimos el libro y contemplamos juntos el dibujo. Deje que corra la imaginación de los niños. Escuche sus comentarios. Hablamos del circo, si quiere, en la lengua materna del alumno. Entre la música y los dibujos, su mente ya estará inmersa en el mundo al que les queríamos llevar. Hablemos de los animales, de sus experiencias. En la parte inferior con un sombreado amarillo aparece el texto: *EL circo está aquí.* No les traduzca todo. Haga que ellos lo adivinen. Los niños tienen conocimiento del mundo. Saben lo que se dice al comienzo de una función de circo. Cuando esté aclarado el significado de esas frases, es el momento de coger el micrófono (o cualquier cosa que haga de micrófono), el sombrero de copa e interpretar el papel de director de circo repitiendo estas frases. Sólo lo hacen aquellos alumnos que quieran. Se ponen de pie, miran al público y repiten: *Pasen, señoras y señores, niños y niñas, bienvenidos al circo.*
Podemos aprovechar para enseñarles la primera canción. Se pone el CD dos veces y los niños la escuchan. Se pueden copiar las dos frases en la pizarra para aquellos que necesiten un apoyo visual. La cantamos todos juntos. Después la interpretan en pequeños grupos.
Esta canción también puede utilizarse como despedida, cambiando la palabra *bienvenida* por *despedida.*

Os damos la bienvenida, os damos la bienvenida,
os damos la bienvenida de todo corazón.
de todo corazón, de todo corazón, de todo corazón.
(2x)

Página 4

Material necesario: un títere de manopla

Procedimiento: abrimos el libro en la página 4. Leemos cómo se llaman nuestros personajes. Los niños realizan la actividad de pintarse. Ahora nos retiramos del libro y es un buen momento para la práctica oral. Les presentamos a nuestro títere. Nosotros hablamos español y también la lengua de los niños, pero este muñeco solamente habla español por lo que los niños tienen que dirigirse en español cuando hablen con él. Los niños van preguntando y respondiendo en turnos porque el títere también pregunta. Los turnos se realizan con una pelota que vamos tirando. De este modo, ellos no saben cuando les va a tocar.

→ Actividad complementaria

Material necesario: página para fotocopiar nº 1, un trozo de tela (a ser posible fieltro) de 40 x 60, dos botones grandes, rotuladores de colores, pegamento, alfileres, aguja, tiza, restos de lana

Confeccione con los niños un títere de manopla. Fotocopie a cada niño/a la silueta del títere de la página para fotocopiar nº 1 y repártala. Los niños doblan la tela por la mitad.

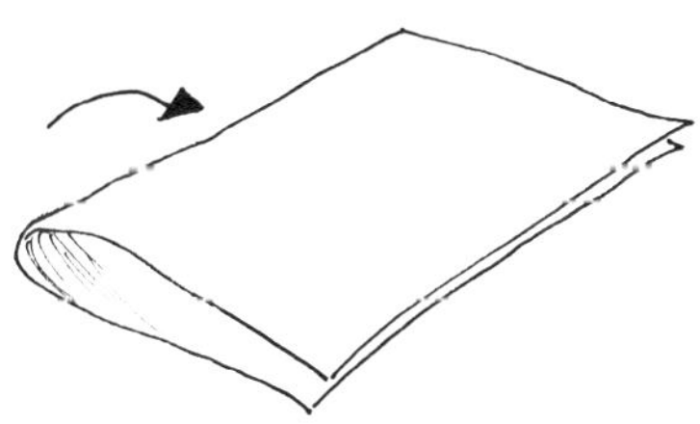

Colocan la silueta sobre la tela, la sujetan con alfileres, la marcan con una tiza o un lápiz y la recortan.

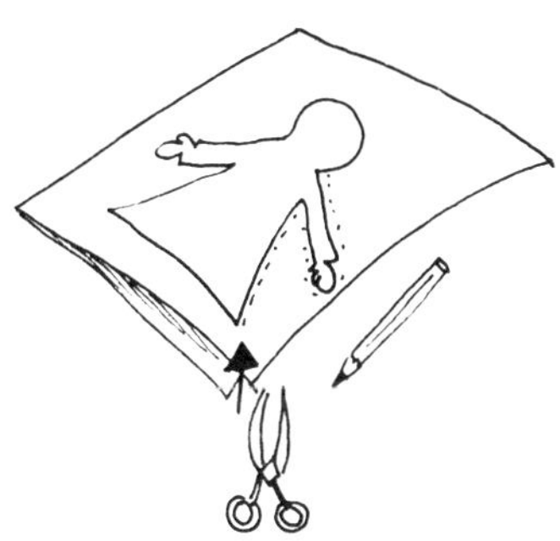

Pegan o cosen los bordes con lana dejando libre el fondo interior por donde van a meter la mano.

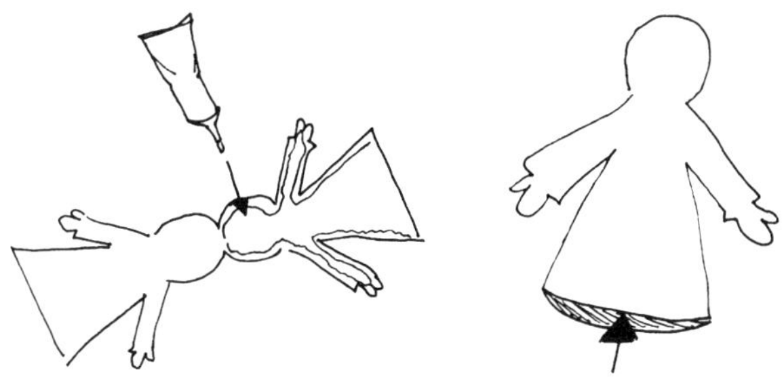

Cosen o pegan los botones (ojos) y la lana (pelo). Para terminar dibujan con rotulador la nariz y la boca.

Los niños le ponen un nombre. Se levantan y van paseando por la clase presentando a su muñeco.

Página 5

Material necesario: una foto, un mapa de España o Latinoamérica

Procedimiento: la página 5 es una tarea personalizada. Los niños tienen que pegar su foto. La podemos realizar aquí o dejarla para el final si los niños necesitan la foto y todavía no la tienen. Deles libertad a los niños si quieren añadir algo.
En cuanto al /a la docente, éste es el momento de hablar un poco de usted (opcional). Señale en el mapa su ciudad o pueblo natal. Cuénteles algo bonito sobre su país, ciudad o pueblo.

→ Actividad complementaria

Material necesario: página para fotocopiar nº 2, tijeras, pegamento, casete o CD con música relajante (tal vez piezas clásicas de Mozart, Vivaldi, Chopin, etc.)

Se les entrega a los niños la fotocopia. La recortan. La pegan cuidando de adaptar los muñequitos a sus deditos. A continuación ponga una música de fondo relajante y los/las niños/as caminan por la clase jugando con los muñecos de dedo y practicando expresiones como: *Hola, me llamo Zulu. Yo soy Pepe. Soy Pablito, etc.*

Página 6

Material necesario: un títere

Procedimiento: con ayuda de los dibujos y con mímica (por ejemplo: el títere hace como que está en la cama dormido, se despierta y dice; *buenos días* o está muy cansado, se mete en la cama y dice: *adiós, buenas noches*; o se despide de alguien: *Adiós, hasta mañana...*) se introducen los saludos: *¡Hola, buenos días!, ¡Buenas tardes!, Adiós, buenas noches. Hasta mañana. ¡Hasta luego!*
Luego el títere saluda a los niños y estos devuelven el saludo. Anímelos a que saluden a los compañeros añadiendo el nombre de cada uno. Por ejemplo: *¡Hola! Me llamo...; Buenos días, me llamo...*

→ Actividad complementaria

Material necesario: tizas de colores, un poco de harina, miel y un pastelito

Dibuje el sol y la luna en la pizarra. A continuación vaya introduciendo la poesía ayudándose de la harina, miel y pastel para que vayan comprendiendo la poesía.

La luna es de harina;
el sol, de miel.
Con sol y con luna,
¡qué rico pastel!

Los niños repiten la poesía en coro. Luego borre progresivamente palabras. Los niños tratan de reconstruirla y la repiten hasta que la memorizan.

Página 7

Material necesario: abecedario mural

Procedimiento: se puede hacer una fotocopia ampliada de esta página y utilizarla como mural. Entre todos buscan las letras que forman el nombre del/de la docente. Cuando los niños han aprendido el mecanismo tienen que encontrar las letras de su nombre y colorear los dibujos. Para finalizar los niños leen el nombre en alto de esta manera: *ese* de *serpiente*, *a* de *avión*, *erre* de *ratón* y *a* de *avión* (*Sara*). También se puede jugar a que un niño empieza a deletrear un nombre y gana el primero que lo adivina. Ejemplo: *perro, avión, uno, león, avión. ¿Paula?*; ¡Muy bien! Ahora te toca a ti.

→ **Actividad complementaria**

Material necesario: CD de *¡Vamos al circo!*

Procedimiento: Introducir la canción

EL nombre de María,
que cinco letras tiene:
la m,
la a,
la erre,
la i,
la a,
Ma-rí-a

Para cantar esta canción se hace un corro con cinco niños y se le asigna a cada uno de ellos una de las letras del nombre de *María*. Cuando llegan a la m, la a... el que tiene esa letra tiene que dar un paso adelante y ponerse en mitad del corro. Al decir por último *María* los cinco dan tres pasos para atrás. Si el espacio del que se dispone es suficiente o el número de alumnos no es divisible por cinco es mejor hacer un corro grande con todos los niños, a cinco de los cuales se les asignarán las letras del nombre.

Página 8

Material necesario: abecedario mural

Procedimiento: Trace una letra en el aire y los niños tratan de de adivinarla buscando la palabra que corresponda en el abecedario mural. Por ejemplo: *l* y los niños dicen: *león*. A continuación los niños unen los dibujos del libro con la letra correspondiente.

Los animales

Carmen y Pablito tienen muchos amigos en el circo.
"Este es mi amigo el mono Pepe".

Objetivos

- Hablar de sus amigos
- Hablar de los animales que les gustan
- Nociones sobre la concordancia de género y número.

Contenidos

Vocabulario: tigre, cebra, caballo, oso, gato, serpiente, antílope, gusano, conejo, caracol, rápido, lento

Expresiones útiles
¿Cómo se llama tu gato/tu perro?
Mi gato/mi perro... se llama
Pepe es mi amigo.
Este es mi amigo...
Soy un/una...
Mi animal favorito es...

Página introductoria

Material necesario: ovillos de lana, una cuerda, CD del curso

Procedimiento: Mirando el dibujo, pregunte a los niños si reconocen a alguien y cómo se llama. Esto ya lo pueden decir en español. Después se habla de los animales. *¿Qué animales hay en el dibujo?, ¿cuáles son los animales típicos del circo?, ¿qué animales les gustan más y por qué?* Leen el texto – quizás ya lo puede hacer algún niño, aunque no entienda todo lo que está escrito – y entre todos intentan averigüar qué es lo que dicen. Los niños se levantan y señalan a un amigo/a suyo/a en la clase, hacen las presentaciones diciendo, por ejemplo: *Esta es mi amiga Laura. Esta es mi amiga María.* Introducir la siguiente canción:

Un elefante se balanceaba
sobre la tela de una araña,
como veía que no se caía
fue a llamar a otro elefante.
Dos elefantes se balanceaban
sobre la tela de una araña,
como veían que no se caían
fueron a llamar a otro elefante.
Tres...

Con lana o con una cuerda los niños forman en el suelo un dibujo que se asemeje a la tela de una araña – o sea dos o tres círculos separados entre sí – o mucho más fácil, una simple línea larga. Un niño va pisando la lana o cuerda intentando no salirse, como si hubiera un precipicio abajo, balanceándose con la ayuda de los brazos como hacen en el circo. Cuando la canción dice "fue a llamar a otro elefante", el/la niño/a hace un gesto para llamar al/a la segundo/a niño/a quien repi-

te la misma operación y así uno a uno hasta que esté todo el grupo al otro lado de la línea.

Página 10

Material necesario: lápices de colores, CD del curso

Procedimiento: Pida a los niños que observen los dibujos y pregúnteles si reconocen a alguien. *¿Cómo se llaman?* (Son Pablito y Carmen, la niña del cartel del circo, Pepe y Zulu). Lean juntos las palabras *mis amigos* y *mis amigas* y trate de que adivinen su significado. Además llame la atención (sin grandes explicaciones) sobre la concordancia de género y número. Pretendemos que los niños se vayan fijando que la palabra cambia. Nada más. Deles tiempo para colorear a Pepe y a Zulu y mientras tanto – si quieren – pueden escuchar una canción de animales en el CD. Después tendrán unos minutos para escribir los nombres de sus amigos. Pueden escribir el nombre de un animal, o de un/a niño/a o de un adulto, si lo prefieren. Cada niño/a lee en voz alta el nombre de sus amigos.

→ Actividad complementaria

Los niños apuntan en un trocito de papel el nombre de un amigo o amiga y lo doblan. Usted los recoge y mezcla. Luego los va abriendo y preguntando. Por ejemplo: *¿De quién es amigo Javier?* El niño o niña dice: *Javier es mi amigo.*

Página 11

Procedimiento: Explique el mecanismo para completar el crucigrama (quizás algunos niños no hayan hecho todavía ninguno). Hacer el número 1 todos juntos. El resto del crucigrama lo pueden completar con el compañero, si quieren.

→ Actividades complementarias

Material necesario: papelitos autoadhesivos

1. A un niño se le pega un papelito en la espalda con el nombre de un animal de modo que no lo vea. Se lo enseña al resto de la clase. Los demás se tienen que poner de pie e imitar al animal con la voz y con mímica hasta que el niño lo adivina y dice, por ejemplo: *Soy un gato*. Se turnan.

Material necesario: grabadora, cinta virgen

2. Para practicar la pronunciación y para memorizar las palabras, se forman grupos y se les asigna un animal dándoles un papel donde está escrito. El grupo al unísono tiene que decir el nombre del animal cuando usted les señale. Se van pasando los papeles para que todos los grupos pronuncien todas las palabras. Se repite hasta que todos los grupos hayan dicho todos los animales. Se puede grabar en casete y escucharlo.

Material necesario: página para fotocopiar nº 3, tijeras, lápices de colores

3. Fotocopie la página nº 3 y repártala a cada niño/a. Los niños pintan y recortan los animales poniéndolos encima de la mesa. Por último, cada uno/a presenta uno de sus animales: *soy un tigre, etc.*

Página 12

Procedimiento: Pregunte a los niños si tienen un gato o un perro en casa. *¿Cómo se llama?* Pídales que hagan un dibujo del animal y que le den un nombre. Después resuelven el laberinto. Cuando terminen, si quieren, pueden colorear los dibujos. Para el próximo día traen fotos o bien de animales que tienen en casa o de animales que les gustan y se los presentan contándonos algo sobre ellos.

→ Actividades complementarias

Material necesario: CD del curso, tijeras, botones, cartulinas

1. Introduzca la canción "Debajo un botón ton ton".

Debajo (de) un botón, ton, ton
que encontró Martín, tin, tin,
había un ratón, ton, ton,
¡ay!, que chiquitín, tin, tin.

¡Ay!, que chiquitín, tin, tin,
era aquel ratón, ton, ton
que encontró Martín, tin, tin
debajo (de) un botón, ton, ton.

Los niños dibujan un ratón muy pequeño y lo recortan; usted les entrega los botones y tienen que escenificar la canción mientras la cantan.

2. Los niños juegan a "Ratón que te pilla el gato" a la vez que cantan la canción.

Ratón que te pilla el gato,
ratón que te va a pillar,
si no te pilla esta noche,
mañana te pillará.

Un niño/a hace de gato. Cuenta hasta diez e intenta atrapar a los otros niños que son los ratones y que van cantando la canción. Los ratones "atrapados" dejan de jugar.

Material necesario: cartulinas o platos de cartón, pegamento, rotuladores, goma, lana, tijeras

3. Los niños confeccionan una careta de gato. Dibujan la cara de un gato en un plato de cartón, se hacen dos agujeros para los ojos y otros dos agujeros pequeñitos a los lados para la goma. Con la lana hacen un bigote. Recortan unas orejas de cartulina y se las pegan. Se coloca la goma y ¡ya está!. Cuando terminan, se la ponen y se presentan a la clase diciendo: *Soy un gato y me llamo...*

Página 13

Material necesario: instrumento de percusión

Procedimiento: Con un instrumento de percusión emitimos sonidos rápidos y lentos. Diga la palabra *rápido* y golpee rápidamente; diga la palabra *lento* y golpee el instrumento lentamente. Después los niños emiten sonidos. Pueden ser palmadas, golpes en la mesa o en el suelo... y lo hacen según usted les diga *rápido* o *lento*. Cuando terminan esta actividad, completan el ejercicio del libro.

➞ Actividad complementaria

Material necesario: plastilina

Reparta a los niños plastilina y pídales que modelen un caracol (hacen una salchicha larga y la enrollan). Se les enseña la canción:

Caracolito, caracolito, quién te hizo tan chiquito.
Si en la arena te escondes, te llevará la mar.
Y entonces, caracolito, no te podré encontrar.

Página 14

Material necesario: una grabadora

Procedimiento: en esta tarea los niños nos hablan de sus gustos. Dibujan y colorean a sus animales favoritos o si lo prefieren pueden realizar un collage con recortes de revistas. Tienen que escribir debajo los nombres. Puede ser que sean palabras nuevas y que necesiten su ayuda. Cada niño/a presenta a uno de sus animales favoritos. Escriben la palabra en la pizarra. Cuando un niño/a quiere escribir el nombre de un animal que ya está escrito, entonces dibuja un palito al lado de la palabra. El animal con más palitos resultará el favorito de la clase. Se puede dibujar y colorear entre todos a ese animal y darle un nombre español. Se pega en la pared (si se puede) o en la pizarra y, ¿por qué no convertirlo en la mascota del grupo? También se puede hablar de los sonidos que emiten los animales: el perro, el gato, los pájaros...y ver si son iguales en la/s lengua/s de los niños. Se puede terminar la actividad grabando sonidos de animales producidos por los niños. Usted sale de clase con la grabadora. Los niños van saliendo uno por uno, emiten un sonido de un animal y usted les graba. El animal es secreto, no lo pueden comentar con los compañeros. Después entra en clase, enciende la grabadora y entre todos reconocen los sonidos y dicen los nombres de los animales.

➞ Actividades complementarias

Material necesario: página para fotocopiar nº 4, pegamento, tijeras, lápices de colores

1. Entregue a los niños la fotocopia. Pídales que pinten, recorten y peguen en sus cuadernos correctamente cada animal, escribiendo al lado el nombre correspondiente.

Material necesario: animales de peluche, una bolsa

2. Jugar a *"Ojos cerrados. Toca y adivina"*. Usted necesita algunos animales de peluche o de otro material que guarda en un saquito. Un/a jugador/a con los ojos cerrados "pesca" en el saco un animal. Sólo a través del tacto tiene que adivinar de qué animal se trata y decirlo en español en voz alta. El/la jugador/a seguirá pescando hasta que falle. Ganará el/la "pescador/a" que más animales haya reconocido.
Para el día siguiente, los niños pueden traer sus animales favoritos de peluche y presentarlos.

Los números

Hoy es el cumpleaños de Carmen. El dos de agosto. Antes de empezar la función todos cantan la canción de cumpleaños feliz. "¡Felicidades!"

Objetivos

- Aprender a expresar y reconocer los números a través de un acercamiento a la dimensión del tiempo.
- Hablar de la existencia o no de las cosas: *hay...*
- Ser capaces de hablar sobre la cantidad: *¿cuántos? ¿cuántas?*
- Aprender a decir en qué día y en qué mes es su cumpleaños y saber preguntarlo a los compañeros
- Saber decir su edad y preguntar a los otros cuántos años tienen
- Conocer cómo se celebran los cumpleaños en el mundo hispano
- Aprender a preguntar en español el significado de palabras desconocidas
- Reconocer las horas

Contenidos

Vocabulario: uno, dos, tres, cuatro, cinco, seis, siete, ocho, nueve, diez, once, doce, trece, catorce, quince, dieciséis, diecisiete, dieciocho, diecinueve, veinte, veintiuno, veintidós, veintitrés, veinticuatro, veinticinco, veintiséis, veintisiete, veintiocho, veintinueve, treinta, treinta y uno; enero, febrero, marzo, abril, mayo, junio, julio, agosto, septiembre, octubre, noviembre, diciembre; el regalo, el cumpleaños.

Expresiones útiles
¡Feliz cumpleaños!
¡Felicidades!
¿Cuántos años tienes? Tengo ... años
¿Cuándo es tu cumpleaños?
Mi cumpleaños es el... de
¿Cómo se dice en español?

Página introductoria

Material necesario: CD del curso

Procedimiento: Los niños escuchan la música de la canción *Cumpleaños feliz*. Después abren el libro y miran el dibujo. Se les hace preguntas: *¿Quién está en el dibujo? ¿Qué animales hay?* (gato, mono, caballo) *¿De quién es el cumpleaños? ¿Cuántos años cumple?* (Los niños no conocen los números en español. Quizás usted pueda contar en alto hasta nueve para que se vayan familiarizando). Los niños cantan la canción de *Cumpleaños feliz*.

Cumpleaños feliz,
cumpleaños feliz.
Te deseamos todos,
cumpleaños feliz.

De nuevo intentan entender el pequeño texto que hay a pie de página entre todos y con su ayuda. ¿Cuántas palabras reconocen?

Página 16

Material necesario: tarjetas con una cifra del 1 al 15

Procedimiento: Se leen los números en alto dando palmadas. Por ejemplo *uno* (una palmada); *dos*, dos palmadas; *tres*, tres palmadas etc. Se colorean los números para que así se fijen mejor las palabras.

Los números

A cada niño se le da una tarjeta con una cifra; ellos la tienen que escribir con letras. Luego se cuenta y los niños se levantan (y se quedan así) al mencionarse el número que tienen en su tarjeta. Ahora los alumnos, de nuevo con el libro, descubren qué números hay escondidos en los dibujos y comparan los resultados con sus compañeros.

→ Actividad complementaria

Jugar al *"escondite inglés"*. Para esta actividad se necesita espacio. (Hay que retirar mesas y sillas o salir de clase.) Realizarla cuando los niños necesiten moverse. Un/a niño/a se pone mirando a la pared. Todos los demás niños están en el otro extremo de la clase de pie. El/La niño/a dice en voz alta: *Un, dos, tres, al escondite inglés* y se gira deprisa para pillar a los niños que se han movido mientras él/ella dice la frase. Cuando él/ella se vuelve, se quedan todos completamente quietos. Si a alguien se le ha visto moverse, pierde y tiene que ir otra vez hacia atrás. Gana el/la niño/a que primero toque la pared y dirá la frase en la partida siguiente.

Página 17

Procedimiento: los niños abren el libro y buscan los números escondidos en la sopa de letras. Se comenta. Cada niño/a confecciona "su" sopa de letras con otros números de la página 16. Usted puede comprobar si están bien hechas y entonces se las intercambian con el/la compañero/a. Ahora van a aprender *¿Cuántos/as....?* Y *Hay*. Diga usted en alto. *¿Cuántos gatos hay?* Y cuente muy despacito: *uno, dos, tres, cuatro. Hay cuatro gatos.* Después *¿Cuántas vacas hay?* Y ya los niños lo van haciendo solos. Ayúdeles sólo con las nuevas estructuras. Llame la atención sobre **-os** y **-as**. Ya les suena de la unidad anterior. Debería escribir el artículo en la pizarra. Por ejemplo:

el gato...cuantos
la vaca ...cuantas
el helado....cuantos

y resaltar las diferencias con tizas de colores. Déjeles a ellos que deduzcan la regla si lo cree necesario.

→ Actividades complementarias

Material necesario: página para fotocopiar nº 5, tijeras, pegamento o celo, lápices de colores

1. Fotocopie el dado. Los niños pintan cada cara de un color y escriben los seis números más difíciles para él/ella. Se recortan y construyen los dados. Se pegan bien con pegamento o con celo – para fijarlo mejor –. Juegan todos en grupos a lanzar sus dados y a decir el número que les salga en español.

2. Le proponemos una serie de retahilas que sirven para elegir a quién le toca empezar en un juego. Normalmente un grupo de niños – no más de seis – se ponen de pie en un corro y uno/a empieza a decir la retahila. Se va eliminando a los/las componentes del grupo hasta que quede uno/a. Puede ir introduciéndolas poco a poco.

A la vuelta de mi casa
me encontré con Pinocho
y me dijo que contara hasta ocho.
Pin uno, pin dos, pin tres, pin cuatro,
pin cinco, pin seis, pin siete (y) pin ocho.

En un café
rifaban un pez.
Al que le toque
el número diez:
Una, dos, tres,
cuatro...

China, china, capuchina,
en esta mano está la china.
Cuatro patas tienen un gato,
una, dos, tres y cuatro.

Página 18

Procedimiento: pídales a los niños contar con usted hasta 31 utilizando las páginas del libro. Pasan las páginas mientras cuentan en alto. Una vez que hayan llegado al 31, vuelven a pasarlas en la otra dirección hasta que lleguen a la 1. Juegue con el libro. Diga a los niños: *Abrid el libro en la página ...* Después se forman grupos de cuatro y practican lo mismo entre ellos. Ahora abren el libro en la página 18 y los niños unen los puntos.

→ Actividades complementarias

Material necesario: una pelota

Los números

1. Los niños botan una pelota y van contando, a ver hasta dónde llegan. Si les resulta demasiado fácil y por tanto aburrido, entre todos pueden pensar en *"el más difícil todavía"*, como en el circo. Con una pierna levantada, con los ojos cerrados, andando hacia delante y hacia atrás...

Material necesario: un pañuelo

2. Se forman dos equipos. Adjudique a cada niño/a de cada equipo un número. Si tenemos en clase doce niños, tendremos dos equipos de seis. Se reparten en cada equipo los números del 1 al 6 (Si se juega más veces, cambiar los números del 6 al 12 o del 12 al 18...). Busque un espacio donde los niños puedan correr. Usted se coloca en el centro con el brazo extendido sujetando un pañuelo, y los equipos en los dos extremos de la habitación frente a frente. Lo ideal es dibujar una línea en el suelo que sale de sus pies y que es la meta a donde los niños tienen que llegar. De no poder ser, busque un equivalente. La distancia de la meta deberá ser de unos quince metros. Empieza el juego: usted dice un número y aquellos/as dos niños/as de los dos equipos a los que se les ha adjudicado ese número echan a correr todo lo rápido que puedan y tratan de coger el pañuelo antes de que el otro lo consiga. Cuando uno/a lo tiene, regresa a su casa. Si en el camino el contrario le toca el cuerpo, tiene que dejar el pañuelo y queda eliminado. Pierde el primer equipo que se queda sin jugadores.

Material necesario: CD del curso, aceitunas, reloj, jersey, abanico

3. Introduzca el poema:

A la una, mi aceituna.
A las dos, mi reloj.
A las tres, mi jersey.
A las cuatro, mi zapato.
A las cinco, mi abanico
A las seis, sota, caballo y rey.

Lleve a clase alguno de los objetos de los que habla el poema. En parejas los niños van leyendo juntos una frase del poema. Usted tiene en la pizarra pegado o dibujado un reloj. Va cambiando las agujas a medida que ellos vayan mencionando las horas.

Página 19

Material necesario: una pelota

Procedimiento: Los niños abren los libros en la página 19 y buscan su cumpleaños en el calendario. Repetimos los meses del año para practicar la pronunciación. Usted les dice, dándoles de esta forma el modelo a seguir, cuándo es su cumpleaños y luego empieza a preguntar a los niños. Ellos/ellas se van preguntando en el grupo grande y usted controla y corrige. Acuérdese de que los niños pueden irse pasando o tirando una pelota para el siguiente turno. De esta forma nadie sabe cuándo le va a tocar y están más atentos. Terminamos preguntando:
¿Cuántos niños tienen el cumpleaños en enero?
¿Y en febrero?

→ Actividades complementarias:

Material necesario: página para fotocopiar nº 6

1. Los niños recortan los relojes de la fotocopia y los pegan en una cartulina. Colocan las distintas partes, unas encima de otras, según el orden que se indica en la fotocopia. Las manecillas se colocan al final. Para sujetar todas las partes se puede utilizar una chincheta, clavo, etc. en el centro y se fijan en la pared, tablón de anuncios o simplemente en la tapa de una caja. Como las demás cosas que van confeccionando pueden utilizar estos relojes para decorar la clase. De momento los niños se levantan y colocan en el reloj la fecha de su cumpleaños a la vez que lo dicen. Si quiere puede introducir la hora.

2. *"Adivinar un número"*. Piense un número del 1 al 31. Por orden los niños van diciendo números y usted dice si es mayor o menor con las palabras "más" y "menos" hasta que alguien lo adivine y entonces le toca a él o ella pensarlo.

Página 20

Material necesario: un pastel

Procedimiento: lleve a clase un pequeño pastel. Hoy se celebra el cumpleaños de su mascota. Todos los niños se le acercan y le desean felicidades representando un pequeño diálogo:
Niño/a: – Felicidades
Mascota/usted: – Gracias.

Niño/niña: – ¿Cuántos años cumples?
Mascota/usted: – 8 años.

Saque el pastel y encienda las velas. Todos juntos cantamos la canción: *Cumpleaños feliz*. La mascota apaga las velas y nos comemos el pastel.

Cumpleaños feliz,
cumpleaños feliz.
Te deseamos todos,
cumpleaños feliz.

→ Actividades complementarias

Material necesario: página para fotocopiar nº 7, rotuladores, papel

1. Confeccionar una invitación de cumpleaños. Entregue a cada niño dos fotocopias de la página para fotocopiar nº 7. Una para hacerla en clase y otra por si ellos la quieren fotocopiar y utilizar en el futuro para felicitar a algunos de sus compañeros de la clase de español. Los niños recortan la invitación, escriben un pequeño texto y la doblan.

Un modelo podría ser:

Querido/a:
Te invito el día... de... a mi casa para celebrar mi cumpleaños
La hora es...
Vivo en la calle...
Te espero
Tu amigo/a y la firma
Mi número de teléfono es...

2. Confeccionar una tarjeta de felicitación
El modelo es completamente libre. Les ayudamos con el texto:
Querido/a:
Te deseo un feliz cumpleaños
Tu amigo/a

3. Propóngales confeccionar nuestro propio papel de regalo escribiendo palabras españolas y decorándolo con dibujos.

La familia

Empieza la función. La familia de los elefantes sale a la pista. "Bienvenidos señoras y señores, niños y niñas, con ustedes... la familia de los elefantes de África".

Objetivos

- Acercarnos al mundo de los alumnos y compartir cosas de su vida
- Presentar a su familia y decir cómo se llaman
- Conocer a las familias de los compañeros y hablar de ellas

Contenidos

Vocabulario: abuelo, abuela, papá, mamá, hermano, hermana, familia

Expresiones útiles
¿Quién es...?
Esta es mi mamá.
Este es mi papá.
Este es mi...
Mi mamá se llama...

Página introductoria

Procedimiento: Lea el texto dos o tres veces con los libros cerrados. ¿Cuántas palabras reconocen ya los niños? Escriba las palabras que vayan reconociendo en la pizarra y entre todos intenten reconstruir el texto. Después pídales que observen el dibujo e invíteles a comentar la escena. Hágales preguntas que sirvan de repaso: *¿cuántos elefantes hay?, ¿cuántos payasos? En la orquesta, ¿cuántos músicos hay?*
Si los niños quieren pueden cerrar de nuevo los libros y usted les hace su primer dictado con el pequeño texto que han ido trabajando. Repita la experiencia en otras unidades si tiene usted la impresión de que a los niños les gusta esta actividad.

Página 22, 23 y 24

Material necesario: CD del curso, tijeras, lápices de colores

Procedimiento:
Pida a los niños que coloreen los animales de la página 23 y que recorten la figuras por las marcas de los puntos. Las colocan encima de la mesa. Ahora tienen que relacionar estas figuras con los cartelitos de las palabras. Pueden trabajar en parejas e intentarlo primero sin su ayuda. Paséese por la clase y ayude sólo con pistas a aquellos que no consigan nada. Al ponerlo en común, preste atención a la pronunciación. Los niños repiten las nuevas palabras con usted varias veces. Después pegan las figuras y los cartelitos en la página 22 por familias. Si quieren pueden ponerles un nombre a los animales.

➞ Actividad complementaria

Material necesario: lápices de colores, pegamento, tijeras, una cartulina grande para el mural

Proponga a los niños realizar para su clase un mural con familias de un circo. Pueden ser de animales o de personas: trapecistas, payasos... Se forman grupos de seis o siete niños. Cada niño/a dibuja a un miembro de la familia. Lo recortan y lo pegan en el mural. Se escriben los nombres debajo así como el parentesco. Por ejemplo: el abuelo José, la mamá Manuela, etc.

Página 25

Material necesario: lápices de colores, cartulina de color, tijeras, pegamento

Procedimiento: pida a los niños que coloreen el elefante dejando la sopa de letras sin colorear para poder resolverla. Después, mientras buscan las palabras, usted pasea por las mesas ofreciendo su ayuda, si la necesitan. La estrella la pueden colorear directamente en el libro o si lo prefiere, se puede ampliar, recortar y pegar en una cartulina de color y utilizarla también como decoración de la clase.

➞ Actividad complementaria

Material necesario: CD del curso

1. Ponga el CD y deje escuchar a los niños la siguiente canción:

José se llamaba el padre,
Josefa la mujer,
y tenían un hijito
que se llamaba José.

Esta es una canción que no tiene fin porque siempre se pueden encontrar nombres nuevos para cambiar e introducir. Los niños escuchan varias veces el CD hasta que aprendan la música y la puedan cantar. Se levantan y forman corros de unos ocho niños. El corro empieza a moverse y con cada línea cambia de dirección. También puede cambiar después de cada cuatro líneas. Los nombres se cambian por Fermín, Antonio, Manuel y cualquier otro que se les ocurra a los niños. La mujer siempre cambia el nombre al femenino: Fermina, Antonia, Manuela.

Material necesario: Cartulinas de colores, rotuladores

2. Confeccionar un señalapáginas. Éste es un regalo para miembros de la familia de los niños. Pueden hacer tantos señalapáginas como ellos quieran. Entrégueles tiras de cartulina de 35 x 9 cm. Los niños las pintan, las decoran y escriben en español, por ejemplo: *para mamá.*

Página 26

Procedimiento: esta página contiene una tarea personalizada. Queremos que los niños hablen de sus familias y que conozcan la de los compañeros. Cuando terminan de dibujar a su familia, se la explican a su compañero/a: *Esta es mi familia. Este es mi papá, se llama...*

➞ Actividades complementarias

1. Jugar al *"Telegrama"*. Toda la clase se sienta en un círculo grande. Empiece usted susurrando al oído del/de la niño/a que tiene a su derecha una de las palabras del libro que hemos aprendido hasta ahora. Si los niños lo necesitan, pueden consultar el libro. El niño/a que escucha la palabra se la repite al/a la que está a su derecha y así sucesivamente hasta llegar al último o a la última que la dice en alto. Así pueden comprobar si la palabra se ha deformado y convertido en otra o ha quedado igual. Es importante decir a los niños que no se pueden repetir las palabras, que tienen que estar atentos y pasar lo que ellos hayan entendido.

Material necesario: página para fotocopiar nº 8, rotuladores o lápices de colores, foto de la familia, recortes de revistas

2. Fotocopie el marco de fotos. Los alumnos lo pintan a su gusto y pegan la foto de su familia. También pueden montar un collage, recortando sólo las caras de lo miembros de su familia y añadiéndoles un cuerpo de recortes de revistas. Puede quedar muy divertido.

Los colores

Es el turno de los payasos Colorini. Tienen globos de muchos colores; rojo, verde, amarillo, azul y los reparten entre los niños. "¿Quieres uno?"

Objetivos

- Preguntar por el color
- Decir nuestro color favorito y saber preguntar por los colores favoritos de los/las compañeros/as

Contenidos

Vocabulario: azul, lila, rojo, naranja, amarillo, verde, marrón, negro, rosa; cielo, sol, coche, casa, hierba, loro, limón, árbol, nieve, tomate.

Expresiones útiles
¿Quieres un globo rojo/amarillo/azul/verde...?
¿Cuál es tu color favorito?
Mi color favorito es el...
¿De qué color es...?

Página introductoria

Material necesario: una nariz de payaso, globos rojos, verdes, amarillos y azules.

Procedimiento: para empezar esta unidad podría ponerse usted una nariz de payaso y llevar globos de los cuatro colores que aparecen en el texto (rojo, verde, amarillo y azul). Empiece a inflarlos y a decir: *un globo de color rojo. ¿Quién quiere el globo rojo?* Y con el gesto se lo ofrece a los niños hasta que uno/a lo coja. Entonces repite *rojo* y el/la niño/a con usted. Así uno por uno todos los colores hasta que todos los niños tengan un globo. Después va diciendo los colores y los niños que tengan ese color se levantan. Si les gusta la actividad, ahora usted coge un globo y son los niños los que dan las órdenes. A continuación abrimos el libro, comentamos el dibujo con preguntas como: *¿cuántos payasos hay?, ¿cuántos globos de color rojo?* Para terminar leemos el texto y una vez aclarado el significado, se lo hacemos leer a los niños en alto observando la pronunciación y sobre todo la entonación con la pregunta: *¿quieres uno?,* que ellos deberían continuar: *¿quieres un globo rojo?* (o del color que tengan).

→ Actividad complementaria

Material necesario: página para fotocopiar nº 9, lápices de colores, tijeras

1. Confeccionar una careta de payaso.
Reparta la página para fotocopiar nº 9 Los niños pintan y recortan la careta. Pueden improvisar con ella haciendo de payasos y después tenerla como decoración.

Material necesario: CD del curso

2. Jugar al *"Pasemisí"*. Dos niños forman un puente con los brazos por donde van a pasar los otros niños y se adjudican un color cada uno (por ejemplo, rojo y amarillo). Los demás van cantando la canción y pasando por debajo hasta que con el "quedarán" el puente se cierra y los niños bajan los brazos atrapando al/a la que quede en medio. Los que hacen de "puente" preguntan al oído qué prefiere entre las dos opciones (por ej.: *¿rojo o amarillo?*). Al responder, coge la mano del niño/a que tiene ese color. Se sigue así hasta que no quede ningún niño/a. Cuando todos han elegido, los equipos forman dos filas y tiran con fuerza hacia sí. Gana el grupo que consiga arrastrar al otro.

Pasemisí, pasemisá
por la calle de Alcalá,
los de a(de)lante corren mucho,
los de atrás se quedarán.

Página 28

Material necesario: una cartulina blanca, rotuladores o lápices de colores

Procedimiento: pida a los niños que coloreen las palabras que indican los colores del arco iris.
Para hablar sobre sus colores favoritos, pegue una cartulina grande blanca en la pizarra y coloque los lápices o rotuladores encima de la mesa. Coja uno de ellos, su favorito, y diga la frase: *Mi color favorito es el azul.* Escriba su nombre con ese color en la cartulina. Después diríjase a un niño/a y pregúntele: *¿Cuál es tu color favorito?* Él/ella tiene que coger el lápiz de su color favorito y escribir su nombre también. Dice: *Mi color favorito es el...* y después pregunta a un/a compañero/a: *¿Cuál es tu color favorito?* Así hasta que todos hayan escrito sus nombres en la cartulina. Los niños completan la parte inferior de la página 28.

→ Actividades complementarias

Material necesario: tarjetas de cartulina blanca

1. Reparta unas tarjetas pequeñas de cartulina blanca en las que ha escrito el nombre de un color. Se lo va entregando a los niños que se levantan y las pegan en objetos que haya por la clase del color que tienen escrito en su cartulina.

2. Jugar al *"Gran Bonete"*. Los niños se sientan en un semicírculo, cada uno recibe el nombre de "Bonete rojo", "Bonete azul", "Bonete amarillo", etc. (tantos colores como niños haya). Usted es el "Gran Bonete" y dice:

– *Al Gran Bonete se le ha perdido un pajarito y dice que el Bonete azul lo tiene.*

Entonces el Bonete azul dice:

	– *¿Yo señor?*
Gran Bonete:	– *Sí, señor.*
Bonete azul:	– *No, señor.*
Gran Bonete:	– *¿Entonces quién lo tiene?*
Bonete azul:	– *Lo tiene el Bonete verde.*

Se va cambiando de color, hasta que el color nombrado esté distraído y deberá pagar una prenda.

Página 29

Procedimiento: mientras escuchan una música relajante los niños siguen las instrucciones y colorean el dibujo.

→ Actividades complementarias

1. Jugar al *"Juego de la bruja"*. Usted es la "bruja blanca" que odia todos los colores. Pone una música más festiva y los niños bailan por la clase pero en el momento que para la música y la bruja dice un color, los niños tienen que ir corriendo hacia un objeto de ese color para salvarse. El/la que no lo consiga se convierte en bruja.

Material necesario: CD o casete con una música divertida, trocitos de tela de diferentes colores

2. Jugar a la *"Silla vacía"*. Lleve trocitos de tela de tantos colores como niños en la clase. Se las ata en el brazo. Hacen un círculo de sillas y una de ellas se deja libre. El niño o la niña a cuya izquierda quede la silla libre dice: *"a mi izquierda quiero el color rojo"* y aquél o aquella que lleva ese color se levanta y se sienta allí. Y así varias veces.

3. Los niños juegan en grupos pequeños con el dado que han confeccionado en la unidad de los números. Se tira el dado y se tiene que decir el color que salga.

Los colores

Página 30

Procedimiento: los niños colorean los globos como les guste. Después pregunte a cada niño/a: ¿De qué color es el número 1? Los niños contestan y después siguen preguntándose.

Página 31

Material necesario: cartulina blanca, tijeras

Procedimiento: lea el poema frase por frase y los niños lo repiten. Luego léanlo todos juntos acompañándolo con palmadas marcando las sílabas acentuadas.

Blanco y naranja,
amarillo y verde,
el rojo y el lila,
y el azul celeste.
Bonitos colores,
que tienen las flores.

Para trabajar el poema cada niño/a dibuja una flor, la colorea de uno de los colores del poema y la recorta. Se ponen en corro y los niños con la flor del color que se menciona dan un paso adelante. El verso final lo dicen todos juntos. Pueden grabarlo y después escucharlo. Después los niños colorean los dibujos del libro y se preguntan unos a otros: *¿De qué color es...?*

→ Actividad complementaria

Escriba en la pizarra:
- *Veo, veo,*
- *¿qué ves?*
- *Una cosita.*
- *¿De qué color es?*

Elija un objeto que puedan ver todos y los niños tratan de acertar. Como no van a conocer todas las palabras, los niños pueden señalar los objetos o decir "eso" hasta que aciertan. El/la siguiente repite la rima.

Página 32

Material necesario: 10 tarjetas por cada niño

Procedimiento: los niños buscan los colores en la sopa de letras. Se pone en común.
Después se puede jugar al memory. Reparta a cada niño/a diez tarjetas (también pueden trabajar en parejas). En cinco tarjetas escriben las palabras del crucigrama y en otras cinco los colores. Si piensa que no es demasiado difícil, puede añadir alguna otra palabra que ya hayan visto y que tenga un color característico. Explique las reglas aunque es muy probable que todos los niños conozcan ya el juego del memory. Se hacen grupos de tres o cuatro. Se mezclan las tarjetas y se ponen en la mesa boca abajo. El primer niño/a levanta dos tarjetas y las lee. Si son parejas se las queda y continúa. De no ser así, le toca al siguiente. El que logra formar más parejas es el ganador/a. Se puede jugar tantas veces como los niños quieran.
Se pasa al crucigrama. Usted hace la primera pregunta y los niños contestan y escriben la respuesta. El que formule la pregunta número dos será uno de los niños y se seguirá así hasta que se complete el crucigrama.

Los alimentos

En el circo también se puede beber y comer en el descanso. "Palomitas, patatas, cacahuetes, limonada, zumo de naranja, helados."

Objetivos

- Hablar de los alimentos: las bebidas y comidas que les gustan
- Introducir el singular y el plural de los sustantivos y el artículo determinado

Contenidos

Vocabulario: espaguetis, palomitas, salchichas, manzanas, miel, patatas fritas, queso, cacahuetes, plátanos, chocolate, huevos, limones, peras, helado, limonada, leche, zumo de naranja, té, agua, lunes, martes, miércoles, jueves, viernes, sábado, domingo

Expresiones útiles
(A mí) me gusta/n..., (a mí) no me gusta/n...
¿Te gusta/n...?
Sí, no
A mí también, a mí tampoco
¿Cómo se dice en español...?
¿Qué día es hoy?
¿Qué come...?
El lunes come...

Página introductoria

Material necesario: página para fotocopiar nº 10, pegamento, tijeras, cartulina, palomitas

Procedimiento: explíque a los niños que vamos a hablar de los alimentos. Pregúnteles por lo que suelen tomar en los descansos del circo, el cine o cualquier otro espectáculo.

Reparta a cada niño la fotocopia ampliada de la cajita de las palomitas. Los niños la decoran y la pegan en una cartulina. La recortan y la arman. Rellene las cajitas con las *palomitas*. Los niños representan la figura del vendedor en el momento en que sale la palabra "palomitas". Explíqueles el significado de la palabra *"descanso"* y que tienen que estar atentos porque inmediatamente después de que usted la diga, tienen que levantarse y hacer como si fueran los vendedores de palomitas. Después puede utilizar los otros alimentos y bebidas de la misma manera, repartiendo tarjetas con los dibujos y las palabras: *cacahuetes, limonada, zumo de naranja y helados.*

Página 34

Material necesario: dos tarjetas por cada niño/a

Procedimiento: invíteles a que digan el nombre de las comidas y bebidas que aparecen en la página. Los dibujos les ayudarán a comprender el significado. Deles tiempo para que coloreen sus comidas y bebidas favoritas. Reparta dos tarjetas a todos los niños: Una con la palabra *"sí"* y otra con la palabra *"no"*. Después pregúnteles con los dibujos de la página qué les gusta. Los niños levantan la tarjeta correspondiente y usted, o entre todos, cuentan los síes y los noes y escríbalos en la pizarra. Así descubrirán cuál es el alimento y la bebida favorita del grupo y cuál el que menos les gusta. Para explicar el singular y el plural, elija usted dos alimentos que le gusten (uno en singular y otro en plural) y diríjase a la clase diciendo: *a mí me gusta la miel. A mí me gustan los cacahuetes.* Pida a los niños que hagan lo mismo que usted.

→ Actividades complementarias

Material necesario: grabadora

1. Forme un coro de alimentos. Divida a los niños en grupos y asigne a cada grupo una palabra o grupo de palabras como *zumo de naranja*. Marque un ritmo y señale a uno de los grupos. Todos los componentes de ese grupo dirán al unísono, por ejemplo: *chocolate*. Si escoje un ritmo binario, resultaría:
choco-late
zumodena-ranja
zumodeli-món
Puede formar combinaciones divertidas. Grábeles y que se escuchen.

Material necesario: fotocopia ampliada de la página 34, cartulina, tijeras, pegamento, lápices de colores

2. Fotocopie una vez la página 34 ampliándola un poquito y trazando unas líneas verticales para que después les sea más fácil a los niños recortar los alimentos. Cada niño/a la colorea y pega en una cartulina. Luego la recorta. Se obtienen 18 tarjetas. Primero vamos a escoger de estas 18 sólo 9 para que el juego no resulte tan difícil. (Si ve que son pocas o muchas, puede aumentar o disminuir el número de acuerdo a su grupo). Explique si es necesario (ver lección de los colores) las reglas del juego del memory: el/la que logra hacer más parejas es el ganador/a. Cada vez que se levantan dos cartas, todos tienen que verlas y las tarjetas tienen que volver al mismo sitio donde estaban. Se trata de un juego de memoria visual. El juego se puede repetir tantas veces como quieran los niños.

Página 35

Procedimiento: primero dibujan el helado y deciden cuál les gusta más. Después en cadena dicen la frase: *A mí me gusta el helado de...* y preguntan a su compañero/a de al lado: *y ¿a ti?, ¿qué helado te gusta?* Pídales que dibujen en el cuadro de la izquierda tres cosas que les gusten y en el de la derecha tres cosas que no les gusten. Pase por las mesas y ellos le pueden preguntar cómo se dice en español. Cuando terminen, un niño/a se levanta, va al centro de la clase y dice: *A mí me gusta ...* los que están de acuerdo con él/ella, se levantan y dicen: *A mí también* y se van con él/ella al centro de la clase. Después se vuelven a sentar. Se continúa así hasta que usted considere suficiente. Después repetir la actividad con: *a mí no me gusta..., a mí tampoco...*

→ Actividad complementaria

Material necesario: tizas de colores, CD del curso

Dibujamos un helado de cinco sabores (fresa, limón, naranja, kiwi y chocolate) en la pizarra. Relacionamos los sabores con los colores: fresa-rojo; limón-amarillo; naranja-naranja; kiwi-verde; chocolate-marrón. Se van preguntando unos a otros de qué colores son los helados. Introduzca aquí la rima del chocolate.

Un(o)... dos... tres... cho
Un(o)... dos... tres... co
Un(o)... dos... tres... la
Un(o)... dos... tres... te
¡cho-co-la-te!

Página 36

Procedimiento: vuelva primero a la página 34 y hable con los niños de las cosas que se pueden beber. Después vuelva a la página 36 y pídales que coloreen las palabras que designan bebidas. Vean el dibujo que resulta: *una luna*. A través del apoyo visual y de la página 34, los niños escriben el nombre de los alimentos en el crucigrama.

→ Actividades complementarias

1. Un niño dice una frase y los otros la repiten y añaden una. Por ejemplo:
Niño/a 1: Me gusta el pimiento.
Niño/a 2: Me gusta el pimiento y el plátano.

Niño/a...: Me gusta el pimiento, el plátano y la pera.

Material necesario: dos vasos de plástico, algún tipo de alimento que haga ruido: arroz, caramelos...

2. Confeccionar una maraca. Los niños llenan los vasos con los alimentos que tengan. Los cierran bien con otro vaso y los unen con un celo fuerte. Los vasos los pueden decorar con pegatinas. Se pueden dejar en clase y utilizar para acompañar las canciones.

Página 37

Procedimiento: explíqueles que van a aprender los días de la semana. Dígalos una vez y empiece a organizar la siguiente actividad para la que necesitamos una silla menos que niños hay en la clase. Alrededor de las sillas se forma un círculo con los niños. Estos caminan alrededor de las sillas mientras repiten todos juntos:
Lunes, martes, miércoles, tres
jueves, viernes, sábado, seis.
Luego gritan: *domingo, siete.*

Entonces se intentan sentar en las sillas. Alguien quedará fuera. Repita eliminando cada vez una silla hasta que quede un solo niño. Abran el libro y repitan todos juntos los días de la semana. *¿Qué día es hoy?* Van a ese día y comienzan a dibujar su comida favorita. Cuando todos acaban, comentan en voz alta y si no saben como se dice en español, preguntan: *¿Cómo se dice en español?* Y usted se lo dice.

→ Actividades complementarias

1. Pida a los niños que escojan tres días de la semana y los escriban en una hoja. Diga usted los días de la semana en un orden cualquiera y el primero que tache sus tres días gana. Pueden realizar varias veces la actividad con su compañero/a.

Material necesario: cartulinas de colores del tamaño A4

2. Los niños confeccionan un menú para el día de su cumpleaños.

Página 38

Material necesario: diferentes tipos de alimentos

Procedimiento: escoja unos cuantos alimentos reales que los alumnos o usted hayan llevado a clase. Los meten en una cesta o bolsa. Pida un voluntario/a que salga al centro de la clase y que se tape los ojos. El niño/a tiene que meter la mano, coger uno de los alimentos y por el tacto intentar reconocerlo diciendo la palabra en español. Después explíqueles la actividad de la página y deles tiempo para que la realicen. Los niños se pueden ir preguntando en cadena.

→ Actividades complementarias

Material necesario: plastilina

1. Los niños modelan en plastilina los distintos alimentos que se ha comido la serpiente.
Después les pregunta: *¿Qué come la serpiente el lunes?* Los niños levantan su modelo de plastilina y responden: *El lunes come pescado.*

Material necesario: página para fotocopiar nº 11

2. Reparta la fotocopia del laberinto. Los niños lo resuelven y comparan luego con el/la compañero/a.

La ropa

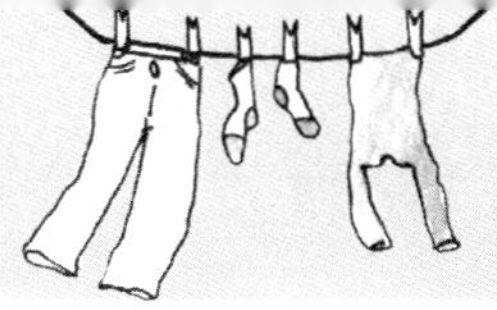

Le toca a Pablito con su monociclo. Pablito se viste para empezar la función. "¿Dónde están mis pantalones?"

Objetivos

- Explicar la ropa que llevan y la que llevan sus compañeros
- Trabajar la concordancia sustantivo-adjetivo

Contenidos

Vocabulario: pantalones, jersey, calcetines, zapatos, camiseta, falda, blusa, bañador, tren, bicicleta, tractor, camión, monociclo, armario, maleta, pelota

Expresiones útiles
¿Qué hay en...?
Llevo...
Lleva...
En mi maleta hay...
¿Adónde vas? ¿Cómo vas?
Voy a...
Voy en + medios de transporte

Página introductoria

Material necesario: diversas prendas de vestir, CD del curso

Procedimiento: lleve a clase varias prendas de vestir y proponga un juego. Un/a niño/a sale de clase. Explíquele que van a esconder una prenda y que él o ella tiene que encontrarla. Esconda con los otros niños la prenda. Hágale pasar y pregunte: *¿Dónde están los pantalones?* Cuando el/la niño/a se acerque al lugar donde se encuentran, digan la palabra *caliente* y cuando se aleje *frío*. Cuando encuentre la prenda, escriba la palabra en la pizarra. Introduzca así tres de las prendas de vestir de la página 40. Después pueden abrir el libro y observar el dibujo. Deje que los niños hagan comentarios y usted ayúdeles con preguntas: *¿Quién es el niño?, ¿qué está buscando?* Puede escuchar el texto con la música del CD.

Página 40

Procedimiento: los niños colorean la ropa a su gusto. Con el apoyo visual de los dibujos ya saben lo que significan las palabras. Cuando terminen, pregúnteles de qué color han pintado las distintas prendas. *¿De qué color es tu falda?* Ellos/as contestan, por ejemplo: *roja.* Después se preguntan entre sí. Al llegar a este punto debería corregirse la concordancia de género y número entre el adjetivo y el sustantivo y si es preciso volver a trabajarla. Para finalizar, completan la sopa de letras. Al corregirla puede preguntar: *¿Qué hay en el armario?* Cada niño/a contesta con una prenda: *Hay un jersey, hay unos zapatos...*

La ropa

→ Actividad complementaria

Pida a los niños que se observen mutuamente de pies a cabeza. Luego se ponen espalda con espalda y por turnos mencionan una o dos prendas de vestir que lleve puesta el/la compañero/a con sus respectivos colores.

Página 41

Procedimiento: antes de realizar esta actividad, asegúrese de que los niños saben jugar al bingo. De no ser así, debe explicárselo. Dé tiempo a los niños para que dibujen las cuatro casillas. Luego elija cuatro posibilidades y vaya nombrándolas. Al que cante bingo puede darle un regalito (por ejemplo, una golosina o un lápiz de color). El niño/a que tiene el bingo lee las palabras acertadas en alto. Ahora él o ella pueden dirigir el bingo.

→ Actividades complementarias

Material necesario: un pañuelo de cabeza

1. Vende los ojos a un/a niño/a y déle una prenda de vestir. Pregúntele: *¿Qué es?* Por el tacto debe adivinarlo y contestar. Proceda con otras prendas de vestir y otros niños.

2. Jugar al "*Estoy pensando en...*". Usted piensa en una prenda de vestir y lo escribe en un papel para luego verificar la respuesta. Se va dirigiendo a los niños y ellos intentan adivinar en qué prenda ha pensado usted. El que lo acierta piensa en la siguiente prenda.

Página 42

Procedimiento: hable de lo que usted lleva mientras lo señala. Por ejemplo: *llevo un jersey verde, unos pantalones negros...* Luego diríjase a un /a niño/a y describa lo que lleva puesto. Los niños abren el libro en la página 42 y se dibujan. Luego completan la frase. Se termina la página jugando a adivinar de quién se habla. Un/a niño/a describe a otro/a y el resto de la clase tiene que decir el nombre del/de la compañero/a que se ha descrito.

→ Actividad complementaria

Material necesario: página para fotocopiar nº 12 y 13 (ampliada), lápices de colores, tijeras

1. Colorear y recortar a Pablito o a Carmen con la ropa que les guste. Cada niño les viste como desee. Luego vamos a hacer preguntas: *¿Qué lleva Pablito? Pablito lleva una camiseta roja.*

Material necesario: diversas ropas de vestir, cámara fotográfica

2. Organice un desfile de modelos. Todos los niños y usted pueden llevar a clase ropa para disfrazarse. Con todas estas prendas los niños se transforman y pueden andar de una manera especial. Toda persona procede con mayor soltura y está más relajada cuando interpreta un rol. Pida a los niños que, en parejas, preparen primero el desfile y hablen de lo que lleva puesto cada uno. Deje espacio en el aula para un pasillo. Ponga una música de fondo y uno/a de los dos de la pareja empieza a desfilar mientras que el otro /a va describiendo lo que lleva. Por ejemplo: *Alberto lleva una camiseta blanca y unos pantalones azules...* Al final se aplaude. Van desfilando todas las parejas. Haga fotos como si se tratara de un desfile de verdad.

Página 43

Procedimiento: aprovechando el tema de la ropa, introducimos el del viaje. Comience la clase diciendo: *Hoy vamos a irnos de viaje. Nos vamos de vacaciones. Ahora con la ropa, hacemos la maleta.* Pasan a realizar el ejercicio coloreando lo que pueden llevar y rodeándolo con un círculo. Después cada niño/a dice lo que ha metido en su maleta incluyendo el color en el que lo ha pintado y utilizando la expresión: *En mi maleta hay un bañador rojo.* Luego pida a los niños que imiten el sonido de un tren, un camión, una bicicleta, un tractor, un avión y con ayuda de los dibujos o de juguetes introduzca el vocabulario de los medios de transporte. Por último *vamos a jugar.* Se trata de lo siguiente: un/a niño/a comienza con una frase (el modelo lo tienen los niños al final de la página). *En mi maleta hay una camiseta roja,* el siguiente tiene que repetir lo que ha dicho el/la compañero/a y añadir una frase más. *En mi maleta hay una camiseta roja y un bañador rojo.* El/la tercero/a tiene que repetir las dos frases anteriores y añadir una más: *en mi maleta hay una camiseta roja, un bañador rojo y unos calcetines azules...* Se siguen añadiendo frases y eliminando a aquellos que no puedan acordarse. El/la niño/a que sea capaz de recordar todas las frases ha ganado.

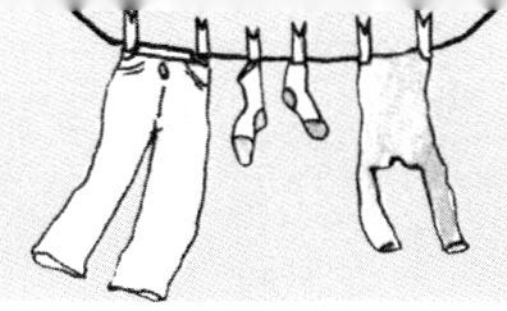

→ Actividad complementaria

Material necesario: cartulina, revistas de moda, tijeras

Confeccionar una maleta. Doblar una cartulina por la mitad y pegar los lados. Recortar dos asas para la maleta y pegarlas. Confeccionar una etiqueta para el destino con sus datos. Recortar y poner un cordelito para colgar la etiqueta en la maleta. Los niños recortan ropa de catálogos o revistas. Después cada niño decide lo que va a llevar en su maleta y se lo explica a los demás o hace una lista para que no se le olvide.

Página 44

Material necesario: una pelota, un mapa de España, un mapa de Latinoamérica

Procedimiento: los niños observan el tren de la portada que transporta el circo. Se puede aprovechar para repasar el vocabulario de los colores y animales. Después cuelgue en la pizarra los mapas de España y Latinoamérica. Señale México y dígales que Pablito va a México. Pablito dice: *Voy a México en avión.* Con la ayuda de los mapas deciden a dónde quiere ir cada niño/a. Pregunte: *¿Adónde vas?* a uno de los niños y éste o ésta contesta según el modelo de Pablito: *voy a...* Luego será este/a niño/a el/la que pase la pelota y pregunte a otro/a. Los niños ya han aprendido algunos medios de transporte, usted puede enseñarles alguno más si ve que los necesitan. Se termina con el crucigrama.

→ Actividad complementaria

1. Vuelva a repasar el concepto de rápido y lento del capítulo de los animales. Ordene los medios de transporte de más a menos lentos o rápidos.

Material necesario: CD del curso

2. Primero los niños escuchan toda la canción y después pídales que la tarareen.

Jugando al escondite
en el bosque anocheció,
el cuco cantando
el miedo nos quitó.
Cu-cu, cu-cu.
– Lobo, ¿dónde estás?
– ¡Me estoy poniendo los calcetines!

Jugando al escondite
en el bosque anocheció,
el cuco cantando
el miedo nos quitó.
Cu-cu, cu-cu.
– Lobo, ¿dónde estás?
– ¡Me estoy poniendo los pantalones!

Jugando al escondite
en el bosque anocheció,
el cuco cantando
el miedo nos quitó.
Cu-cu, cu-cu.
– Lobo, ¿dónde estás?
– ¡Me estoy poniendo la chaqueta!

Jugando al escondite
en el bosque anocheció,
el cuco cantando
el miedo nos quitó.
Cu-cu, cu-cu.
– Lobo, ¿dónde estás?
– ¡Me estoy poniendo los zapatos!

Jugando al escondite
en el bosque anocheció,
el cuco cantando
el miedo nos quitó.
Cu-cu, cu-cu.
– Lobo, ¿dónde estás?
– ¡Ahora me veréis y os comeré a todos!

Luego se puede dramatizar el encuentro de los niños con el lobo (papel que se le asignará a uno/a de los/las niños/as). Los demás hacen un corro y el lobo se esconde. Los niños cantan:

Jugando al escondite
en el bosque anocheció,
el cuco cantando
el miedo nos quitó.
Cu-cu, cu-cu.
– Lobo ¿dónde estás?

Y el Lobo responde: *¡Me estoy poniendo...!*
Cuando el lobo diga: – *¡Ahora me veréis y os comeré a todos!* los niños se sueltan y el lobo trata de pillar a uno/a. El/La niño/a pillado/a hace ahora de lobo.

El cuerpo

Empieza la actuación de Carmen. "Con ustedes la gran equilibrista Carmen". ¡Ohhhh!, ¡se cae del caballo! ¡Qué susto! Por suerte no es nada grave.

Objetivos

- Ser capaces de describirse a ellos mismos o describir a alguien que conocen.
- Poder comparar los rasgos físicos de dos personas
- Saber decir cuánto miden

Contenidos

Vocabulario: pelo, nariz, ojo, oreja, brazo, boca, barriga, codo, dedo, mano, pierna, rodilla, pie; grande, pequeño

Expresiones útiles
¿Y tú cuánto mides? Mido...
Manolito tiene...

Página introductoria

Material necesario: una nuez, pegamento, CD del curso

Procedimiento: primero los niños observan el dibujo. Luego se ponen de pie e intentan quedarse quietos en la postura de la pata coja como Carmen en el dibujo. Después los niños construyen un instrumento musical para imitar el ruido del caballo. Necesitan una nuez partida por el medio. Cogen una tira de cartón y la doblan por la mitad. En cada extremo pegan una cara de la nuez de forma que al cerrar la tira, las dos mitades choquen y produzcan un sonido. Un niño/a se pone encima de una silla a la pata coja. Dígale: *con una pierna* mientras los demás reproducen los pasos del caballo con el instrumento que acaban de fabricar. Aproveche si el/la niño/a pierde el equilibrio para decir: *¡Ohhhhh, se cae! ¡Qué susto!* Luego el que estaba encima del caballo (silla) pasa a ser el director con el micrófono, dando las órdenes y otro/a niño/a toma el papel del/de la equilibrista. Por último escuchan el texto en el CD y los niños en parejas representan toda la escena.

Página 46

Material necesario: una cartulina, pegamento, lápices de colores

Procedimiento: pida a los niños que dibujen una parte del cuerpo y escriban el nombre en español con la ayuda del dibujo de la página. Cuando terminan la recortan y se la entregan. Usted las puede pegar todas en una cartulina grande creando un personaje muy raro. Le pueden poner un nombre, una edad... Deles tiempo para que coloreen las palabras de las partes del cuerpo en el libro.

El cuerpo

→ **Actividad complementaria**

Material necesario: CD con música alegre

1. Ponga una música alegre. Los niños empiezan a bailar por la clase. Explíqueles que cuando pare la música tienen que tocarse la parte del cuerpo que usted nombre. Por ejemplo: *el pie*. Repita el procedimiento hasta que haya trabajado todas las partes del cuerpo de la página.

Material necesario: hojas con imágenes de animales sacadas de revistas

2. Proponga el *juego de los enredos*. Juegue con grupos reducidos de alumnos. Dibuje o recorte de una revista seis animales y coloque cada uno en una hoja. Coloque las hojas en el suelo. Ellos tienen que poner los pies y las manos donde usted les indique. Por ejemplo: *Pon el pie izquierdo en el tigre. Pon el pie derecho en el mono...*

3. Realice una pasta casera en casa que sirva para modelar y llévela a clase.

Ingredientes:

Un kilo de harina
Un kilo de sal
600 ml. de agua con
dos cucharadas de aceite

Elaboración: en un recipiente de plástico grande mezcle la harina y la sal. En un medidor eche dos cucharadas soperas de aceite y rellene hasta los 600 ml. con agua fría. Eche esto en la mezcla de harina y sal y trabaje hasta que quede una masa compacta. Divídala en cuatro partes y con las manos secas y limpias siga trabajándola. La consistencia ideal para modelar es que no se pegue a los dedos. Para que no se seque, envuélvala en un trapo húmedo y métala en una bolsa de plástico. Con esta masa los niños pueden realizar un monstruo o un extraterrestre. Vaya diciéndoles lo que tienen que modelar: *dos cabezas, tres brazos, un ojo...* Luego con estos elementos cada uno/a puede hacer las figuras que quiera. Resultarán muy divertidas. Cuando estén todas las figuras expuestas se puede jugar a describirlas y los otros alumnos tienen que adivinar de cuál se trata. Por ejemplo: *tiene tres cabezas, cinco orejas, dos bocas... ¿Esta? Sí, muy bien. Ahora te toca a ti.*
Además se pueden cocer las figuras en el horno. Si se quieren colgar después, haga un agujerito para luego poder pasar la cuerda. Según el grosor de las figuras se necesitará más o menos tiempo. Una figura de unos 20 cms., por ejemplo, se coloca en la parte baja del horno y se cuece una hora a 100 grados. Déjelas enfriar. También se pueden pintar. Recomendamos los colores acrílicos. Se disuelven en agua y se pueden mezclar. Una vez pintada la figura, se deja secar aproximadamente 24 horas. Se puede terminar con una laca para que se cierren los poros y que no se introduzca la humedad. De esta manera se consigue también que los colores sean más brillantes.

4. Jugar al *"ahorcado"*. La primera vez se puede utilizar para jugar con el vocabulario de las partes del cuerpo. Si ve que a los niños les gusta y no les resulta difícil, se pueden ir incorporando otros temas de otras unidades para que repasen: colores, animales, alimentos...
Piense en una palabra para que los niños la adivinen. Apunte en la pizarra tantos espacios como letras tiene su palabra. Por ejemplo: - - - - - - - Son siete espacios porque la palabra es *rodilla,* que tiene siete letras. Los niños tienen que averiguar qué letras tiene su palabra y preguntan: *¿Hay una a?* o *¿Tiene una p?, ¿una s?* Si aciertan, se colocan las letras en su espacio correspondiente. Si no, cada vez que fallen se va dibujando un trazo de la figura del ahorcado.
1. los palos
2. la cuerda
3. la cabeza
El/la que lo adivine antes es el/la ganador/a y sale a la pizarra. Ahora le toca a él/ella pensar en una palabra.

Página 47

Material necesario: una cinta métrica

Procedimiento: empiece por sacar la cinta métrica y medir algo de la clase. Por ejemplo, la mesa y diga: *La mesa mide X centímetros.* Luego mídase su brazo y diga a la clase: *Mi brazo mide XX centímetros.* Pida a un/a niño /a que se acerque y mídale. Por ejemplo: *Carmen mide un metro veinticinco centímetros.*

Carmen se sienta y escribe en su libro cuánto mide. Mida a todos los niños de la clase. Los niños se dibujan teniendo en cuenta su altura en la página de modo que sus pies estén a la altura de los pies de la cebra. Los niños completan la frase en la parte inferior de la página teniendo en cuenta el día en que están. Después se levantan y se colocan en fila según su estatura y cada uno/a dice la frase que ha completado.

→ Actividades complementarias

Material necesario: una cinta métrica

1. Con la cinta métrica mida la distancia que cada niño/a puede saltar. Pueden salir al patio si piensa que van a hacer demasiado ruido. Un/a niño/a hará las veces de secretario/a y anotará el nombre de los compañeros y la distancia que son capaces de saltar. Otros dos niños serán los que midan. Marque una raya en el suelo y pídales que salten por turnos. Se pueden ir pasando los papeles.

2. Pueden medir en su casa a los miembros de su familia, vecinos o amigos. Al día siguiente los presentan.

Página 48

Procedimiento: pida a los niños que jueguen a ver quién aguanta más mirando a los ojos de su compañero/a sin parpadear. Forme parejas. Después pida a los niños que formen dos filas y se pongan espalda con espalda con su pareja. Pregunte: *¿De qué color son los ojos de X?* y tienen que intentar acordarse. Forme grupos según el color de los ojos. *Los niños con los ojos azules aquí, los niños con los ojos marrones aquí...* Luego diga señalando a los diferentes grupos: *Este grupo de niños tiene los ojos de color azul...* Los niños se sientan y usted realiza dibujos en la pizarra para explicar: *redondo, grande, pequeño.* Luego dibujan el payaso de su libro. Cuando hayan acabado lo muestran a sus compañeros. Proceda a realizar la actividad de la parte inferior de la página.

→ Actividades complementarias

Materiales: página para fotocopiar nº 14

1. Exprese con el rostro diferentes emociones: felicidad, tristeza, diversión, dolor, etc. Haga que los niños la imiten. Pregunte: *¡Hola!, ¿qué tal?* Y los niños contestan: *bien, mal...*, de acuerdo a cada mímica. Fotocopie la página y entregue una copia a cada niño. Los niños recortan sólo las cabezas de forma que queda un hueco para la cara. Eligen una expresión para cada uno y luego preguntan: *¿Cómo está Pablito?* Está bien, está feliz o está mal, está triste...

2. Los niños dibujan en sus cuadernos a una persona que está feliz y a otra que está triste.

Material necesario: cartulinas, papeles de colores

3. Introduzca el poema *"Una boquita para comer"*.

Una boquita para comer,
mi naricita para oler,
Mis dos ojitos para ver.
Mis dos oídos son para oír,
¿Y mi cabecita? Para dormir.

Los niños dibujan el contorno de la figura de un gato y añaden los bigotes. La recortan. Con otro papel de otro color recortan las orejas y otras partes de la cara. Usted va recitando el poema mientras los niños van completando el gato con las partes de la cara que se van nombrando.
una boquita para comer (dibujan una boca)
mi naricita para oler (dibujan una nariz)
mis dos ojitos para ver (dibujan los ojos)
mis dos oídos son para oír (pegan las orejas)
¿Y mi cabecita? Para dormir (hacen el gesto de acostarlo). Repítalo varias veces señalando las partes de la cabeza para aprenderlo.

Página 49

Material necesario: página para fotocopiar nº 15

Procedimiento: los niños se colocan en círculo para jugar a *Simón dice*. Con el libro y con mímica explique a los niños el juego.

Fotocopie la actividad del laberinto de los cinco sentidos, entréguesela a los niños y estos la completan. Pregúnteles cuál es su color y olor favorito, qué les gusta tocar, qué música les gusta oír, cuál es su comida favorita. Cuando terminan, realizan el crucigrama.

→ Actividad complementaria

Material necesario: CD con música relajante

Este es un ejercicio de relajación pero que nos va a servir también para repasar las partes del cuerpo. Los niños están sentados de una manera cómoda con los pies en el suelo, las manos en los muslos y respirando profundo. Adopte usted esta postura y ellos la imitarán. Ponga una música relajante y explique lo que significa pesar. Pídales que cierren los ojos e intenten sentir las partes del cuerpo que usted nombra. *Cierra los ojos, te pesan los brazos, te pesan los pies, te pesa mucho la cabeza…* "

Página 50

Procedimiento: los niños se levantan y forman grupos de más a menos según lo que usted les vaya diciendo:
¿Quién es el más grande?
Se colocan de mayor a menor.
¿Quién tienen el pelo más rubio?
De más rubio a más negro.
¿Quién tienen el pelo más largo?
De más largo a más corto.
¿Quién tiene las manos más grandes?
De más grandes a más pequeños.

Los niños pueden hablar de las partes que son diferentes en Manolito y Pepito. Ponga usted el ejemplo de la ilustración con la expresión de Carmen: *Manolito tiene la boca grande y Pepito tiene la boca pequeña.*

→ Actividades complementarias

Material necesario: revistas varias

1. Llevar revistas a clase. Los niños recortan diferentes partes del cuerpo y las pegan en un cuaderno para formar un personaje divertido. Le ponen un nombre y una edad.

2. Se forman grupos de tres. Los niños dibujan una cabeza sin que los demás la vean. Cuando terminan, doblan el papel hacia atrás y dejan una marca en el punto en el que termina el cuello. Lo pasan al/a la compañero/a de la derecha quien a partir de la marca dibuja un tronco con brazos. Vuelven a doblarlo hacia atrás dejando la marca y lo vuelven a pasar hacia la derecha. El último dibuja las piernas y los pies. Cuando terminan se desdobla y se ven los dibujos. Se pueden pegar en la pizarra y decidir por votación cuál es más divertido.

La naturaleza

La función termina. El público aplaude y los artistas se despiden. La gente se va a casa. Es una noche preciosa de verano. Las estrellas y la luna brillan en el cielo. "¡Qué bonita noche, Pablito! Buenas noches".

Objetivos

- Hablar sobre el tiempo que hace
- Relacionar las estaciones con los meses del año
- Saber decir cuándo es su cumpleaños y el de los compañeros
- Fomentar el respeto por la naturaleza en los niños

Contenidos

Vocabulario: primavera, verano, otoño, invierno; enero, febrero, marzo, abril, mayo, junio, julio, agosto, septiembre, octubre, noviembre, diciembre; arcoiris, mariposa, fresas, flores, pajaritos, mar, castillo de arena, bañador, playa, sol, manzanas, cometa, paraguas, uvas, hojas, botas, gorro, castañas, nieve, bufanda, sopa, chimenea, conejo, nido, pajaritos

Expresiones útiles
¿Qué es típico de...?
Hace buen tiempo.
Hace calor.
Hace viento.
Hace frío.
¿En tu dibujo hay....? Sí, no.
¿Cumples años en...? No, mi cumpleaños es en...
¿Cuándo es tu cumpleaños?

Página introductoria

Material necesario: lápices de colores, cartulinas blancas, tijeras, pegamento

Procedimiento: los niños confeccionan un cartel en donde se lea *Respetemos la Naturaleza.* Dependiendo del número de alumnos puede repartir las letras que corresponden a la frase del cartel: *r, e, s, p, e, t...* (cada niño las dibuja a su gusto). Después las colorean y las recortan. Hacen un collage con todas las letras, las pegan formando la frase y pueden dejar el cartel expuesto en el aula. Comente el dibujo de la primera página con los niños. Muchas de las palabras son nuevas, pero gracias al dibujo y a su mímica irán entendiéndolas. Haga preguntas (intente que los niños participen al máximo y que traten de descubrir la lengua por ellos mismos): *¿En qué estación del año creéis que están? ¿Hace frío, hace calor? ¿Qué ropa llevan las personas? ¿Qué hora del día es? ¿Qué expresión se puede utilizar en esta hora del día? ¿Qué veis en el cielo?*

La naturaleza

Página 52

Material necesario: fotocopia ampliada de la página 52, cartulinas

Procedimiento:
para esta actividad haga usted una fotocopia ampliada de la página, recorte las imágenes con las palabras correspondientes y péguelas en una cartulina. Coloque en la pared un cartel grande y divídalo en cuatro apartados con el nombre de las estaciones del año. Pase por las mesas con las tarjetas boca abajo. Los niños eligen una o varias (según el número de niños en la clase) y colorean sus tarjetas. Cuando acaban tienen que clasificarlas en las cuatro estaciones. Usted les pregunta, por ejemplo: *¿Qué es típico de la primavera?* Ellos miran sus tarjetas y los que tengan la tarjeta correspondiente se levantan y dicen la palabra en alto, uno por uno muestran la tarjeta a los demás niños, quienes repiten la palabra en voz alta con su ayuda. El/la niño/a se acerca al cartel y pega la tarjeta en la estación correspondiente. Proceda así con todas las palabras de esta página hasta completar el cartel. Si lo desea y cree que puede ayudar a los niños, puede seguir un orden sistemático de forma que diga: *primero vamos a hablar de animales o de comidas, etc.*

Animales: el conejo, la mariposa, los pajaritos
Comidas: la manzana, las castañas, las fresas, la sopa y las uvas
Naturaleza: el mar, el arcoiris, la nieve, la playa, el sol, las flores, las hojas, el nido
Objetos: el gorro, el castillo de arena, el bañador, la cometa, la bufanda, el paraguas, la chimenea, las botas

Pase a realizar la actividad del libro. Formule la pregunta del bocadillo: *¿Qué es típico de la primavera?* Los niños que hayan coloreado las palabras correspondientes levantan la mano. Señale por orden a los niños y estos van diciendo las palabras mientras usted las señala en el cartel. Los niños van marcando estas palabras en la página. Pueden hacerlo con círculos de distintos colores que antes habrán decidido entre todos. Por ejemplo: verde para la primavera, amarillo para el verano, marrón para el otoño y gris para el invierno. Los niños rodean cada palabra con el color correspondiente.

→ Actividades complementarias

Material necesario: tarjetas de cartulina blanca, lápices de colores, globos

1. Construir un memory (el juego del memory está explicado en las propuestas de la página 34 del capítulo de los alimentos). Distribuya tarjetas de cartulina blanca. El número de tarjetas dependerá del nivel, el interés y la capacidad de los niños. El tema será la estación del año en la que nos encontramos. Cada niño/a va diciendo algo típico de la estación y todos lo dibujan en las cartulinas blancas. En la otra mitad de las cartulinas escriben las palabras que corresponden a los dibujos. Se mezclan y los niños empiezan a jugar en grupos de tres, cuatro o cinco. Se puede realizar un memory por niño, que después llevan a casa o un memory entre todo el grupo y entonces se queda en clase para jugar otro día.

2. Lleve globos a clase y que cada niño/a escriba en un globo una de las palabras sobre la naturaleza acompañada del dibujo. Coloque los globos al lado del cartel de *Respetemos la Naturaleza.*

Página 53

Material necesario: una cuerda

Procedimiento: con ayuda de los dibujos introduzca las expresiones de los bocadillos: *hace buen tiempo, hace calor, hace viento*. Después animar a los niños a jugar a la comba. Dos jugadores cogen la cuerda por los dos extremos y la agitan haciendo círculos mientras los demás forman una fila. Un niño/a entra en el espacio que se forma al agitar la cuerda, intentando no pisarla, mientras dice, por ejemplo: *hace frío*, después sale y entra el siguiente diciendo otra expresión, por ejemplo: *hace calor*. Así siguen hasta que un niño/a la diga mal o se canse de saltar. Entonces se para el juego y ese niño/a tiene que dar a la cuerda. Se juega tantas veces como quieran los niños.
Luego se divide la clase en cuatro grupos. Cada grupo se decide por un tipo de tiempo atmosférico. Hay cuatro en la página: *hace buen tiempo. Hace calor. Hace viento. Hace frío*. Dependiendo del grupo se pueden añadir otros como: *nieva o está nevando, llueve o está lloviendo, etc.* Cada grupo confecciona uno de los carteles, con estos cuatro títulos. Por ejemplo, el grupo que confeccione *hace calor* puede dibujar una playa, un sol, unos niños jugando en el

agua... Estos carteles los pueden utilizar en todas las clases colocándolos en la pared o en la pizarra según el tiempo que haga.
Después, realizan la actividad de la página relacionando las palabras con las estaciones del año. También con la ayuda de los niños puede clasificar las palabras según los diferentes sentidos. Por ejemplo, cosas que pueden oler: las flores, las uvas... Por último se puede terminar el tema hablando del tiempo que hace en algunos países. Con ayuda de un mapamundi puede preguntarles: *¿Qué tiempo hace en el Polo Norte?, ¿en qué países hace mucho calor?, etc.*

→ Actividades complementarias

Material necesario: página para fotocopiar nº 16, lápices de colores, tijeras, pegamento, una ramita delgada de un árbol o una varilla, hilo

1. Los niños colorean y recortan el castillo, la mariposa, el muñeco de nieve y la cometa y construyen un móvil. Hay varias formas de unir los cuatro dibujos. Una, por ejemplo, sería hacer un agujerito en la parte superior de cada dibujo y pasar el hilo. Se podrían atar a la rama y colgar.

2. Jugar a caliente – frío. Un/a niño/a sale del aula. El resto de la clase esconde un objeto. Hacen entrar al/ la niño/a quien tiene que encontrar el objeto con su ayuda. Cuando está cerca los niños dicen *caliente* y si se aleja *frío*. Quizás merezca la pena hacer la aclaración aquí de *caliente* como adjetivo y *calor* como sustantivo, sin embargo *frío* como adjetivo y *el frío* como sustantivo. Por supuesto no hay que realizar una explicación gramatical pero sí contextualizar las palabras. No se puede decir *hace caliente* pero tampoco se puede decir *el cacao o el café está calor*.

Página 54

Procedimiento: los niños realizan el dibujo de la estación del año que más les guste de forma totalmente secreta sin enseñárselo a su compañero/a. Cuando terminan, cierran los libros y el/la compañero/a tiene que adivinar de qué estación se trata haciendo preguntas: *¿En tu dibujo hay flores? ¿En tu dibujo hace frío? ¿En tu dibujo hay pájaros?, etc.*

→ Actividad complementaria
Se divide la clase en parejas o grupos de tres. Cada grupo elige un tipo de tiempo atmosférico, por ejemplo, la lluvia o el viento, el frío... Los niños tienen un minuto para representar una escena con ese tiempo. Ellos deciden dónde están. No pueden hablar, todo es a base de mímica. Gana el grupo al que los compañeros otorguen más puntos.

Página 55

Procedimiento: empiece diciendo cuándo es su cumpleaños a los niños, por ejemplo: *Mi cumpleaños es en verano.* Pregunte a un niño/a: *¿Cumples años en verano?* Él o ella contesta siguiendo el modelo: *No, mi cumpleaños es en primavera* o *sí, mi cumpleaños es en verano.* Continúen en cadena con la preguntas y respuestas. Cada niño/a pregunta al que a la que tiene al lado. Lo mismo con la pregunta: *¿Cuántos años tienes?* (repasar los números). Averigüe quién es la niña o el niño que ha cumplido años más recientemente. Pídales luego que completen el calendario con los cumpleaños de sus amigos y amigas.

→ Actividades complementarias

1. Los niños se ponen de pie, se preguntan por sus cumpleaños en español y se tienen que poner por orden en una fila. El/la primero/a de la fila es el/la primero/a que tiene cumpleaños en el año.

Material necesario: 13 hojas DIN A4, cordel, una perforadora, una goma

2. Los niños confeccionan un calendario para regalar a algún miembro de su familia o para ellos mismos. Lo completan con los cumpleaños que a ellos les interese recordar. Reparta a cada niño trece hojas (esta actividad se puede realizar en varios días). Los temas del calendario lo eligen los mismos niños. Podría resultar algo así:

enero – un muñeco de nieve
febrero – un payaso
marzo – un tulipán
abril – un conejo
mayo – una mariquita
junio – un helado
julio – un barco
agosto – una playa
septiembre – una manzana

octubre – una cometa
noviembre – una hoja de un árbol
diciembre – un árbol de Navidad.

La última hoja es la portada del calendario. Una vez terminados los dibujos ayude a los niños a perforar las hojas en la parte superior y sujételas con un cordel.

3. Dos niños sujetan con las piernas una goma. Otro/a niño/a salta entre las gomas al ritmo de los meses del año.

4. Pida a los niños que escuchen la rima. Pueden aprenderla de memoria para recitarla luego sin equivocarse:

Treinta días trae noviembre
con abril, junio y septiembre,
de veintiocho sólo hay uno,
y los demás treinta y uno.

Vamos a repasar

Objetivos
- Consolidación y práctica del vocabulario y expresiones aprendidos
- Evaluación de nuestros alumnos y de nosotros mismos

Contenido

Vocabulario relacionado con todas las unidades
Organización de una fiesta de fin de curso

Páginas: 56, 57, 58 y 59

Procedimiento: si quiere utilizar estas cuatro páginas como evaluación de vocabulario puede hacer lo siguiente: divida la clase en grupos de tres. Con (o sin, lo que usted decida) ayuda del libro los grupos tienen que completar los dibujos con las palabras que faltan. Si quiere realizar la actividad como una competición, gana el grupo que primero termine. En total son 41 palabras que tienen que completar, por lo que el máximo son 43 puntos: 41 puntos por las 41 palabras más dos puntos extras por ser los primeros. Usted acordará con ellos de antemano los premios o calificaciones que se van a otorgar. Si la palabra es correcta pero no está bien escrita, se cuenta medio punto.

Una vez repasado el vocabulario pueden hablar de las cuatro estaciones y recordar las fechas del comienzo y del final de cada estación.

La primavera: en la primavera podemos disfrutar de los perfumes, de los colores, del sol, del canto de los pájaros y de las primeras flores.

→ Actividad complementaria

1. Los niños pueden, en los grupos que ya se habían formado, dibujar su propio cartel sobre la primavera. Deberán dibujar un gran arcoiris con el nombre de los colores; el resto se lo dejamos a su imaginación.

Material necesario: flores y hojas, un objeto pesado como un catálogo o libro para prensar, pegamento, cartulinas

2. Hacer un herbario. Los niños llevan flores u hojas a la clase. Se prensan y después de unos días pueden hacer en grupos un pequeño herbario pegando estas flores y poniendo el nombre de las mismas. También se pueden añadir algunas de estas flores al cartel sobre la primavera que han confeccionado anteriormente.

3. Con ayuda de dibujos introducir las siguientes adivinanzas:

Entro por el mar
y salgo por la garita
¿Quién soy?
(La margarita)

Yo soy la reina de las flores
Y tengo nombre de mujer
¿Quién puedo ser?
(La rosa)

El verano: el verano es la estación de las vacaciones, del buen tiempo, de las meriendas al aire libre y de las barbacoas. Fechas importantes: el 24 de junio, la noche de San Juan, el comienzo de las vacaciones, la cosecha

→ Actividad complementaria

Material necesario: cartulina

1. Los niños confeccionan su cartel sobre el verano. En el cartel tienen que aparecer las frutas que comemos en esta época y niños con la ropa que se ponen en verano.

2. Imaginar que van a la playa y que deben preparar su maleta. En una hoja en blanco dibujan todo lo que ellos/ellas creen necesario llevar. Al lado de cada dibujo (con su ayuda) escriben el nombre de cada cosa.

3. Con ayuda de dibujos introducir las siguientes adivinanzas:

Doy calorcito
soy muy redondo,
salgo prontito
y tarde me escondo.
(el sol)

En la casa soy necesaria
así como en la piscina y en la playa.
(la toalla)

El otoño: es la estación donde se recoge la fruta y en la que las hojas de los árboles se caen.

→ Actividad complementaria

Material necesario: cartulinas, una cuchilla, pegamento, un perforador

1. Los niños confeccionan el cartel del otoño. Quizás pueden elegir un día de lluvia y viento. Dibujan unos niños con ropa de lluvia y una cometa. También pueden incluir una cesta con la fruta que se cosecha en esta época.

2. Con ayuda de dibujos introducir la siguiente adivinanza:

Ya se fue el verano
y ahora este otro llega
como lluvia de oro
caen las hojas.
(el otoño)

El invierno: en la noche más larga del año, del 21 al 22 de diciembre, empieza el invierno. En estos días oscuros se celebra la Navidad.

→ Actividad complementaria

Material necesario: cartulina, lápices de colores, tijeras

1. Confeccionar el último cartel sobre el invierno. Si quieren los niños pueden dibujar un cartel sobre la Navidad. Dibujan un árbol con un determinado número de adornos que se les dicta en español. Por ejemplo: 10 bolas, 5 amarillas y 5 rojas, 5 estrellas y 4 regalos de Navidad. Los niños tienen que dibujar a los tres Reyes Magos. Se puede hablar de las distintas tradiciones en los distintos países tanto en cuanto a los regalos como en cuanto a la comida y a las costumbres.

Material necesario: página para fotocopiar nº 17

2. Confeccionar un angelito. Reparta la página para fotocopiar nº 17. En el recuadro en blanco en la parte inferior de la fotocopia, los niños escriben: *Feliz Navidad*. Colorean el ángel y lo recortan. La línea de puntos más cercana a las manos se dobla hacia el exterior y la otra línea hacia el interior. Recortamos las líneas de las manoplas y el cartelito y se lo colocamos entre las manos.

3. En esta época son típicos los villancicos. Escribir la letra del siguiente villancico en la pizarra. Escuchar el CD que acompaña al método y animar a los niños a cantarlo.

¡Ay! del chiquirritín, chiquirriquitín
que ha nacido entre pajas.
¡Ay! del chiquirritín, chiquirriquitín
queridín, queridito del alma.

Por debajo del arco del portalico
se descubre a María (y a) José y al Niño.
¡Ay! del chiquirritín, chiquirriquitín
que ha nacido entre pajas.
¡Ay! del chiquirritín, chiquirriquitín
queridín, queridito del alma.

Entre el buey y la mula Dios ha nacido
y en un pobre pesebre le han recogido.
¡Ay! del chiquirritín, chiquirriquitín
que ha nacido entre pajas.
¡Ay! del chiquirritín, chiquirriquitín
queridín, queridito del alma.

No me mires airado
niñito mío,
mírame con los ojos que yo te miro.
¡Ay! del chiquirritín, chiquirriquitín
que ha nacido entre pajas.
¡Ay! del chiquirritín, chiquirriquitin
queridín, queridito del alma.

Páginas 60 y 61

Procedimiento: los niños realizan los ejercicios en estas dos páginas de forma individual. Se trata de actividades de repaso de los contenidos del libro. Es interesante para usted comprobar lo que cada niño/a sabe.

→ Actividad complementaria

Material necesario: cartulina, página para fotocopiar nº 18, lápices de colores, tijeras

Recordar la primera hora de clase confeccionando la carpa del circo. Repartir las páginas para fotocopiar (tal vez ampliadas).

Página 62

Procedimiento: en silencio, se les da a los niños unos minutos para que completen la página. Usted lo corrige. Si los niños quieren, se pueden poner en común los resultados.

Páginas 63 y 64

Procedimiento: esta actividad se puede ir haciendo al terminar cada unidad o por partes escuchando el CD o recordando el texto simplemente.

→ Actividad complementaria

Procedimiento: se puede acabar el curso con una fiesta en la que se invita a los padres. Los niños exponen el material que han ido realizando a lo largo del curso, se enseñan algunas de las actividades que se hayan grabado en vídeo, los niños cantan sus canciones favoritas en español. Si se quiere se puede incluir también algún concurso de vocabulario con premios. Por ejemplo: damos un minuto y un tema. Dividimos la clase en grupos y tienen que escribir todas las palabras que se les ocurra sobre ese tema, por ejemplo: animales, ropa.... Por cada palabra escrita correctamente, se les otorga un punto, por cada palabra con falta, medio punto. Se juega varias veces. Gana el equipo con más puntos. Para terminar la fiesta vuelva a realizar aquellos juegos que los niños ya conocen y que han tenido más éxito. Los padres pueden estar de espectadores o participar.

Y aquí ha llegado el momento de nuestra despedida. Esperamos que tanto usted como sus alumnos hayan aprendido y difrutado con nuestro libro. También esperamos que esta guía didáctica le haya ayudado con nuestras ideas y sugerencias.

Mucha suerte, que siga disfrutando del mundo de la enseñanza con los niños y hasta nuestro próximo libro.

Canciones, rimas, poesías

Presentación

1. La bienvenida
Os damos la bienvenida, os damos la bienvenida,
os damos la bienvenida de todo corazón,
de todo corazón, de todo corazón, de todo corazón.

Os damos la bienvenida, os damos la bienvenida,
os damos la bienvenida de todo corazón,
de todo corazón, de todo corazón, de todo corazón.

2. El patio de mi casa
El patio de mi casa
no es particular,
cuando llueve se moja
como los demás.
Agáchate,
y vuélvete a agachar,
que los agachaditos
no saben bailar.

Hache, i, jota, ka,
ele, eme, ene, a,
que si tú no me quieres,
otra niña me querrá.

Hache, i, jota, ka,
ele, eme, ene, a,
que si tú no me quieres,
otro niño me querrá.

3. El nombre de María
El nombre de María,
que cinco letras tiene:
La m,
La a,
La erre,
La i,
La a,
Ma – rí – a

4. La luna es de harina
La luna es de harina;
el sol de miel.
con sol y con luna,
¡qué rico pastel!

5. Baja Blasa, sube Blas
Baja Blasa, sube Blas,
sube Blasa, baja Blas,
Blas y Blasa, Blasa y Blas,
vienen juntos, juntos van.
Blas se abrasa con las brasas,
Blasa abraza al pobre Blas.
Blas y Blasa, Blasa y Blas,
vienen juntos, juntos van.

Blasa baila, brinda Blas,
brinda Blasa, baila Blas.
Blas y Blasa, Blasa y Blas,
vienen juntos, juntos van.

6. ¿Cómo te llamas tú?
¿Cómo te llamas tú?
Una, dos y tres.
¿Cómo te llamas tú?
Ahora te lo diré:
¡¡I–sa–bel!! (Teresa, Andrés)

Los animales

7. Chiu – chiu – chiu
Chiu – chiu – chiu, chiu
Chiu – chiu – chiu, cha
canta, canta pajarito
que tu cantar me alegra el corazón.
Con tu silbido, con tu trinar
se alegra el alma, la noche ya se va.
Con tu silbido, con tu trinar
se alegra el alma, la noche ya se va.

Chiu – chiu – chiu, chiu
Chiu – chiu – chiu, cha
canta, canta pajarito
que tu cantar me alegra el corazón.
Con tu silbido, con tu trinar
se alegra el alma, la noche ya se va.
Con tu silbido, con tu trinar
se alegra el alma, la noche ya se va.

8. Debajo de un botón
Debajo (de) un botón, ton, ton
que encontró Martín, tin, tin,
había un ratón, ton, ton,
¡ay!, que chiquitín, tin, tin.

¡Ay!, que chiquitín, tin, tin,
era aquel ratón, ton, ton
que encontró Martín, tin, tin
debajo de un botón, ton, ton.

9. Mi tío Pancho
Mi tío Pancho tiene una granja, ia, ia, oh (2x)
Y en la granja hay... un perro...
Y el perro hace... ¡guau!, ¡guau!, ¡guau!
(gato/vaca/caballo/cerdo/oveja)
Y en la granja hay de todo...

10. Un elefante se balanceaba
Un elefante se balanceaba
sobre la tela de una araña,
como veía que no se caía
fue a llamar a otro elefante.
Dos elefantes se balanceaban
sobre la tela de una araña,
como veían que no se caían
fueron a llamar a otro elefante.
Tres elefantes se balanceaban
sobre la tela de una araña,
como veían que no se caían
fueron a llamar a otro elefante.
Cuatro elefantes se balanceaban
sobre la tela de una araña,
como veían que no se caían
fueron a llamar a otro elefante.
Cinco elefantes se balanceaban
sobre la tela de una araña,
como veían que no se caían
fueron a llamar a otro elefante.

11. Una, dos, tres y cuatro
Una, dos, tres y cuatro,
Margarita tiene un gato,
con las orejas de trapo
y los ojos de cristal.
¿Qué le dan de merendar?
Pan y chicha, chicha y pan.

12. El que fue a Sevilla
El que fue a Sevilla
perdió su silla,
el que fue a León
perdió su sillón.

13. Ratón que te pilla el gato
Ratón que te pilla el gato,
ratón que te va a pillar,
si no te pilla esta noche,
mañana te pillará.

Ratón que te pilla el gato
ratón que te va a pillar
si no te pilla esta noche
mañana te pillará

14. Caracolito
Caracolito, caracolito, quién te hizo tan chiquito.
Si en la arena te escondes, te llevará la mar.
Y entonces, caracolito, no te podré encontrar.

Caracolito, caracolito, quién te hizo tan chiquito.
Si en la arena te escondes, te llevará la mar.
Y entonces, caracolito, no te podré encontrar.

Los números

15. Cumpleaños feliz
Cumpleaños feliz,
cumpleaños feliz.
Te deseamos todos,
cumpleaños feliz.

16. Los diez perritos
Yo tenía diez perritos,
yo tenía diez perritos,
uno se perdió en la nieve,
no me quedan más que nueve.

De los nueve que quedaban,
de los nueve que quedaban,
uno se comió un bizcocho,
no me quedan más que ocho.

De los ocho que quedaban,
de los ocho que quedaban,
uno se tragó un chupete,
no me quedan más que siete.

De los siete que quedaban,
de los siete que quedaban,
uno me lo mató un buey,
no me quedan más que seis.

De los seis que me quedaban,
de los seis que me quedaban,
uno se murió de un brinco,
no me quedan más que cinco.

De los cinco que quedaban,
de los cinco que quedaban,
uno se perdió en el teatro,
no me quedan más que cuatro.

De los cuatro que quedaban,
de los cuatro que quedaban,
uno se volvió al revés,
no me quedan más que tres.

De los tres que me quedaban,
de los tres que me quedaban,
uno se enfermó de tos,
no me quedan más que dos.

De los dos que me quedaban,
de los dos que me quedaban,
uno se comió un vacuno,
no me quedan más que uno.

El perrito que quedaba,
el perrito que quedaba,
ayer se arrancó p' al cerro,
no me queda ningún perro.

17. A la vuelta de mi casa
A la vuelta de mi casa
me encontré con Pinocho
y me dijo que contara hasta ocho:
Pin uno, pin dos, pin tres,
pin cuatro, pin cinco, pin seis,
pin siete (y) pin ocho.

18. Si Pancha plancha
Si Pancha plancha
con cuatro planchas
¿con cuántas planchas
plancha Pancha?

19. A la una, mi aceituna.
A la una, mi aceituna.
A las dos, mi reloj.
A las tres, mi jersey.
A las cuatro, mi zapato.
A las cinco, mi abanico.
A las seis, sota, caballo (y) rey.

20. En un café rifaban un pez
En un café
rifaban un pez.
Al que le toque
el número diez:
Una, dos, tres,
cuatro...

21. China, china, capuchina
China, china, capuchina,
en esta mano está la china.
Cuatro patas tiene un gato,
una, dos, tres y cuatro.

La familia

22. José se llamaba el padre
José se llamaba el padre,
Josefa la mujer,
y tenían un hijito que se llamaba José.

José se llamaba el padre,
Josefa la mujer,
y tenían un hijito que se llamaba José.

23. Los pollitos dicen
Los pollitos dicen
pío, pío, pío,
cuando tienen hambre,
cuando tienen frío.

La gallina busca
el maíz y el trigo,
les da la comida
y les presta abrigo.

Bajo sus dos alas
se están quietecitos
y hasta el otro día,
duermen los pollitos.

24. Té, chocolate y café
Té, chocolate y café
para mi tío Manuel.
Una, dos y tres,
pluma, tintero y papel
para escribir una carta
a mi hermanita Isabel.

Los colores

25. El gallito
Se ha perdido mi gallito, la, la,
Se ha perdido mi gallito, la, la,
pobrecito, la, la,
mi gallito, la, la,
y no lo puedo encontrar.

Tiene plumas amarillas, la, la,
Tiene plumas amarillas, la, la,
aletea, la, la,
picotea, la, la
y dice: quiquiriquí.

Tiene cresta colorada, la, la,
Tiene cresta colorada, la, la,
y camina, la, la,
con un paso, la, la,
que parece un general.

En la cola plumas varias, la, la,
en la cola plumas varias, la, la,
verdes, rojas, la, la,
azulinas, la, la,
se parece a un pavo real.

Lo he buscado en Alemania, la, la,
lo he buscado en Alemania, la, la,
en la China, la, la,
en la Rusia, la, la,
y también en Panamá.

Si lo encuentra usted, comadre, la, la,
si lo encuentra usted compadre, la, la,
lo acorrala, la, la,
me lo pilla, la, la,
y lo trae para acá.

26. Blanco y naranja
Blanco y naranja,
amarillo y verde,
el rojo y el lila,
y el azul celeste.
Bonitos colores,
que tienen las flores.

27. Pasemisí
Pasemisí, pasemisá
por la puerta de Alcalá,
los de a(de)lante corren mucho,
los de atrás se quedarán.

Los alimentos

28. Érase una viejecita
Érase una viejecita
sin nadita de comer,
si no carnes, frutas, dulces,
tortas, huevos, pan y pez.
Siempre tuvo chocolate,
leche, vino, té y café
y la pobre no encontraba
qué comer ni qué beber.
La–lara, la–lara, la–lira
La–lara, la–lara, la–lira
Érase una viejecita
sin nadita de comer,
si no carnes, frutas, dulces,
tortas, huevos, pan y pez.
Se murió de mal de arrugas,
más encorvada que un seis
y jamás volvió a quejarse
ni de hambre ni de sed.
La–lara, la–lara, la–lira
La–lara, la–lara, la–lira

29. Al corro de la patata
Al corro de la patata
comeremos ensalada,
lo que comen los señores,
naranjitas y limones,
¡alupé, alupé, sentadito me quedé…!
Al corro de la patata,
comeremos huevo frito,
lo que comen las señoras,
uvas y dulce de moras,

¡alupé, alupé, sentadito me quedé...!
Al corro de la patata
comeremos zanahoria,
lo que comen las chiquillas,
empanadas y tortillas,
¡alupé, alupé, sentadito me quedé...!

30. Tengo, tengo, tengo
Tengo, tengo, tengo
tú no tienes nada,
tengo tres ovejas
en una cabaña.

Una me da leche,
otra me da lana,
y otra, mantequilla
para toda la semana.

31. Uno... dos... tres... cho
Un(o)... dos... tres... cho
Un(o)... dos... tres... co
Un(o)... dos... tres... la
Un(o)... dos... tres... te
¡Cho – co – la – te!

32. Palmas, palmitas
Palmas, palmitas,
higuitos y castañitas
azúcar y turrón
para mi niño/a son.

La ropa

33. Jugando al escondite
Jugando al escondite
en el bosque anocheció,
el cuco cantando
el miedo nos quitó.
Cu – cu, cu – cu.
– Lobo ¿dónde estás?
– ¡Me estoy poniendo los calcetines!

Jugando al escondite
en el bosque anocheció,
el cuco cantando
el miedo nos quitó.
Cu – cu, cu – cu.
– Lobo ¿dónde estás?
– ¡Me estoy poniendo los pantalones!

Jugando al escondite
en el bosque anocheció,
el cuco cantando
el miedo nos quitó.
Cu – cu, cu – cu.
– Lobo ¿dónde estás?
– ¡Me estoy poniendo la chaqueta!

Jugando al escondite
en el bosque anocheció,
el cuco cantando
el miedo nos quitó.
Cu – cu, cu – cu.
– Lobo ¿dónde estás?
– ¡Me estoy poniendo los zapatos!

Jugando al escondite
en el bosque anocheció,
el cuco cantando
el miedo nos quitó.
Cu – cu, cu – cu.
– Lobo ¿dónde estás?
– ¡Ahora me veréis y os comeré a todos!

34. Cuac – cuac, cantaba la rana
Cua – cuac, cantaba la rana,
cua – cuac, debajo del agua.
Cuac – cuac, pasó un caballero,
cua – cuac, de capa y sombrero,
cua – cuac, pasó una señora,
cua – cuac con falda de cola,
cua – cuac, pasó una criada,
cua – cuac, llevando ensalada,
cua – cuac, pasó un marinero,
cua – cuac, vendiendo romero,
cua – cuac, le pidió un ramito,
cua – cuac, no le quiso dar,
cua – cuac, se metió en el agua,
cua – cuac, se echó a revolcar.

El cuerpo

35. A mi burro, a mi burro
A mi burro, a mi burro
le duele la cabeza,
el médico le ha puesto
una gorrita negra,
una gorrita negra,
zapatitos, lila, la, la,
zapatitos lila.
A mi burro, a mi burro
le duele la garganta,
el médico le ha puesto
una bufanda blanca,
una gorrita negra,
una bufanda blanca,
zapatitos, lila, la, la,
zapatitos lila.

A mi burro, a mi burro
le duelen las orejas,
el médico le ha dicho
que las tenga muy tiesas,
una gorrita negra,
una bufanda blanca,
que las tenga muy tiesas,
zapatitos, lila, la, la,
zapatitos lila.

A mi burro, a mi burro
le duele el corazón,
el médico le ha dado
jarabe de limón,
una gorrita negra,
una bufanda blanca,
que las tenga muy tiesas,
jarabe de limón,
zapatitos, lila, la, la,
zapatitos lila.

A mi burro, a mi burro
le duelen las pezuñas,
el médico le ha dado
jarabe de lechuga,
una gorrita negra,
una bufanda blanca,
que las tenga muy tiesas,
jarabe de limón,
jarabe de lechuga,
zapatitos, lila, la, la,
zapatitos lila.

A mi burro, a mi burro
ya no le duele nada,
el médico le ha dado
jarabe de manzana,
una gorrita negra,
una bufanda blanca,
que las tenga muy tiesas,
jarabe de limón,
jarabe de lechuga,
jarabe de manzana,
zapatitos, lila, la, la,
zapatitos lila.

36. Mi barba tiene tres pelos
Mi barba tiene tres pelos
tres pelos tiene mi barba
si ni tuviera tres pelos
ya no sería una barba.

Mi... tiene tres pelos
tres pelos tiene mi...
si ni tuviera tres pelos
ya no sería una...

Mi... tiene tres...
tres... tiene mi...
si ni tuviera tres...
ya no sería una...

La naturaleza

37. La mar estaba serena
La mar estaba serena,
serena estaba la mar.
La mar estaba serena,
serena estaba la mar.
(repetir con a, e, i, o, u)

38. Que llueva, que llueva
Que llueva, que llueva
la Virgen de la Cueva,
los pajaritos cantan,
las nubes se levantan.
Que sí, que no,
que caiga un chaparrón,
con azúcar y turrón,
y no me moje yo.

Que siga lloviendo,
los pájaros corriendo,
florezca la pradera
al sol de primavera.
Que sí, que no,
que caiga un chaparrón,
y que no me moje yo.

39. Canta la grilla
Canta la grilla, por la sabana,
buscando al grillo con frenesí.
Y ella loquita y enamorada,
a su grillito le dice así:
Sh, sh, sh, sh, sh, sh, sh, sh.
Sh, sh, sh, sh, sh, sh, sh, sh.
Lindo grillito, si tú me amaras,
como la tierra donde nací,
dame tu mano, toma la mía,
juntos haremos
Sh, sh, sh, sh, sh, sh, sh, sh.
Sh, sh, sh, sh, sh, sh, sh, sh. (2x)

40. La luna de otoño
La luna de otoño
tiene pies de nácar,
trajecito de oro,
sombrero de plata.

41. Bruja, brujita
Bruja, brujita
de la sombra, sombrita
haz que en primavera
brote una ramita.

42. Treinta días trae noviembre
Treinta días tiene noviembre
con abril, junio y septiembre
de veintiocho
sólo hay uno,
y los demás treinta y uno.

Repaso

43. Estando el Señor Don Gato
Estando el Señor Don Gato
sentadito en su tejado,
¡marramamiau!, ¡miau!, ¡miau!,
sentadito en su tejado.

Ha tenido la noticia
que si quiere ser casado
¡marramamiau!, ¡miau!, ¡miau!,
que si quiere ser casado.

Con una gata morena
sobrina del gato pardo,
¡marramamiau!, ¡miau!, ¡miau!,
sobrina del gato pardo;

de contento que se ha puesto,
se ha caído, se ha matado,
¡marramamiau!, ¡miau!, ¡miau!,
se ha caído, se ha matado.

Se ha roto siete costillas,
el rabo y el espinazo,
¡marramamiau!, ¡miau!, ¡miau!,
el rabo y el espinazo.

Ya lo llevan a enterrar
por la calle del Pescado,
¡marramamiau!, ¡miau!, ¡miau!,
por la calle del Pescado.

Al olor de las sardinas,
el gato ha resucitado,
¡marramamiau!, ¡miau!, ¡miau!,
el gato ha resucitado.

Por eso dice la gente:
siete vidas tiene un gato,
¡marramamiau!, ¡miau!, ¡miau!,
siete vidas tiene un gato.

44. ¿Dónde va la lecherita?
– ¿Adónde va la lecherita?
– A por leche.
– ¿Tú solita?
– Como siempre.
– ¿Tienes novio?
– Ya lo creo.
– ¿Cómo se llama?

– Mateo.
– ¿Cuántos años tiene?
– Nueve.

45. Chiquirritín
¡Ay! del chiquirritín, chiquirriquitín
que ha nacido entre pajas.
¡Ay! del chiquirritín, chiquirriquitín
queridín, queridito del alma.

Por debajo del arco del portalico
se descubre a María (y a) José y el Niño.
¡Ay! del chiquirritín, chiquirriquitín
que ha nacido entre pajas.
¡Ay! del chiquirritín, chiquirriquitín
queridín, queridito del alma.

Entre el buey y la mula Dios ha nacido
Y en un pobre pesebre le han recogido.
¡Ay! del chiquirritín, chiquirriquitín
que ha nacido entre pajas.
¡Ay! del chiquirritín, chiquirriquitín
queridín, queridito del alma.

No me mires airado
niñito mío,
mírame con los ojos que yo te miro.
¡Ay! del chiquirritín, chiquirriquitín
que ha nacido entre pajas.
¡Ay! del chiquirritín, chiquirriquitín
queridín, queridito del alma.

46. Tengo una muñeca
Tengo una muñeca vestida de azul,
con su camisita y su canesú.
La saqué a paseo, se me constipó
la tengo en la cama con mucho dolor.
Esta mañanita me dijo el doctor
que le dé jarabe con un tenedor.

Dos y dos son cuatro, cuatro y dos son seis,
seis y dos son ocho, y ocho dieciséis.
Y ocho veinticuatro, y ocho treinta y dos:
Ánimas benditas, me arrodillo yo.

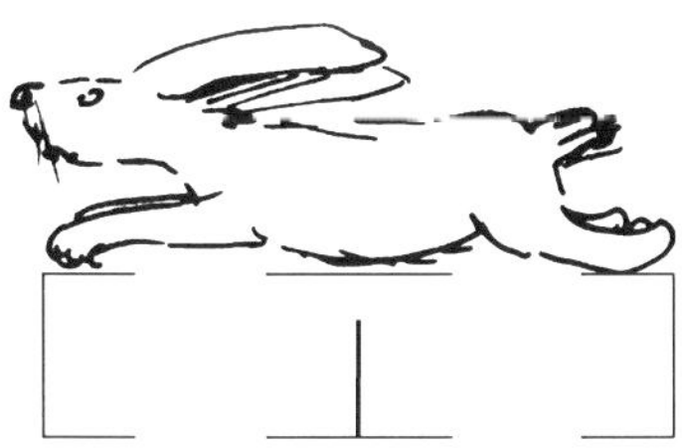

Página para fotocopiar nº 4

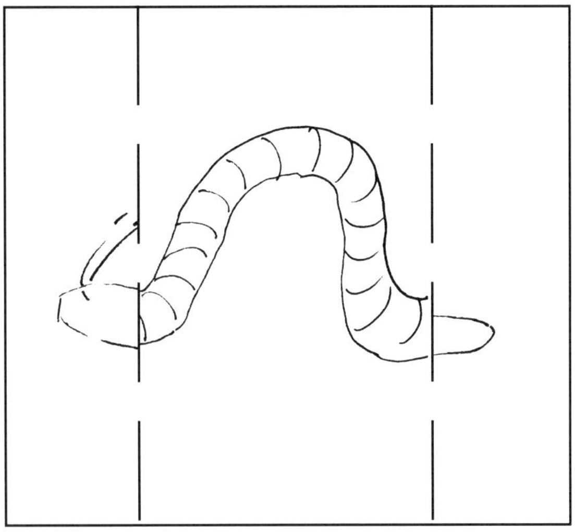

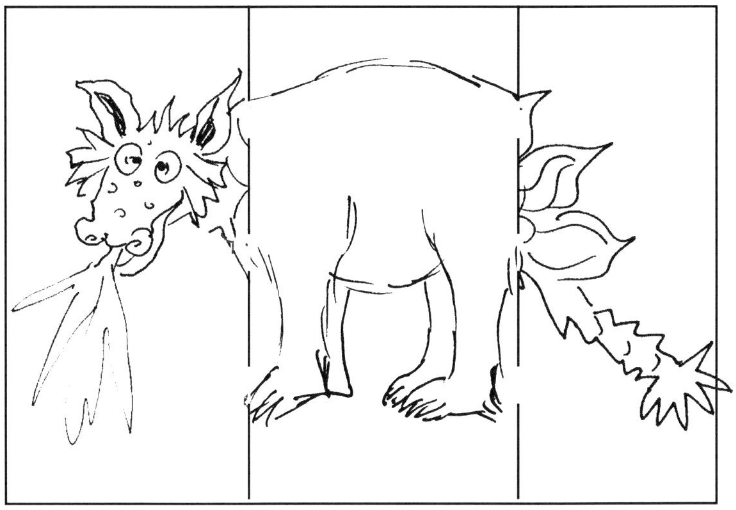

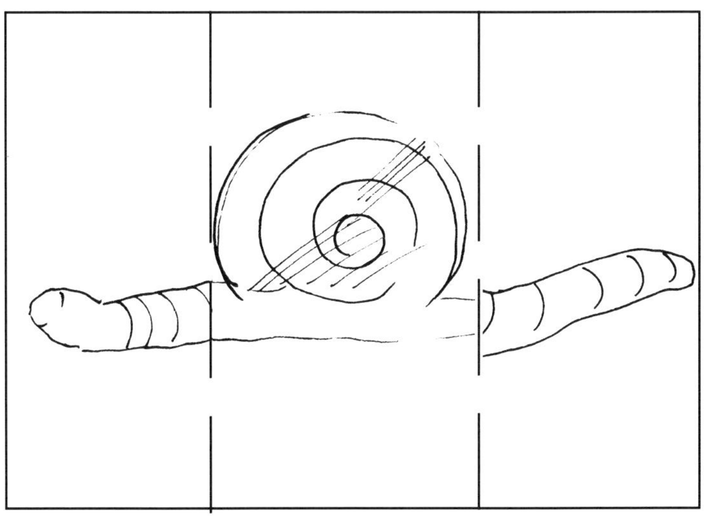

Página para fotocopiar nº 5

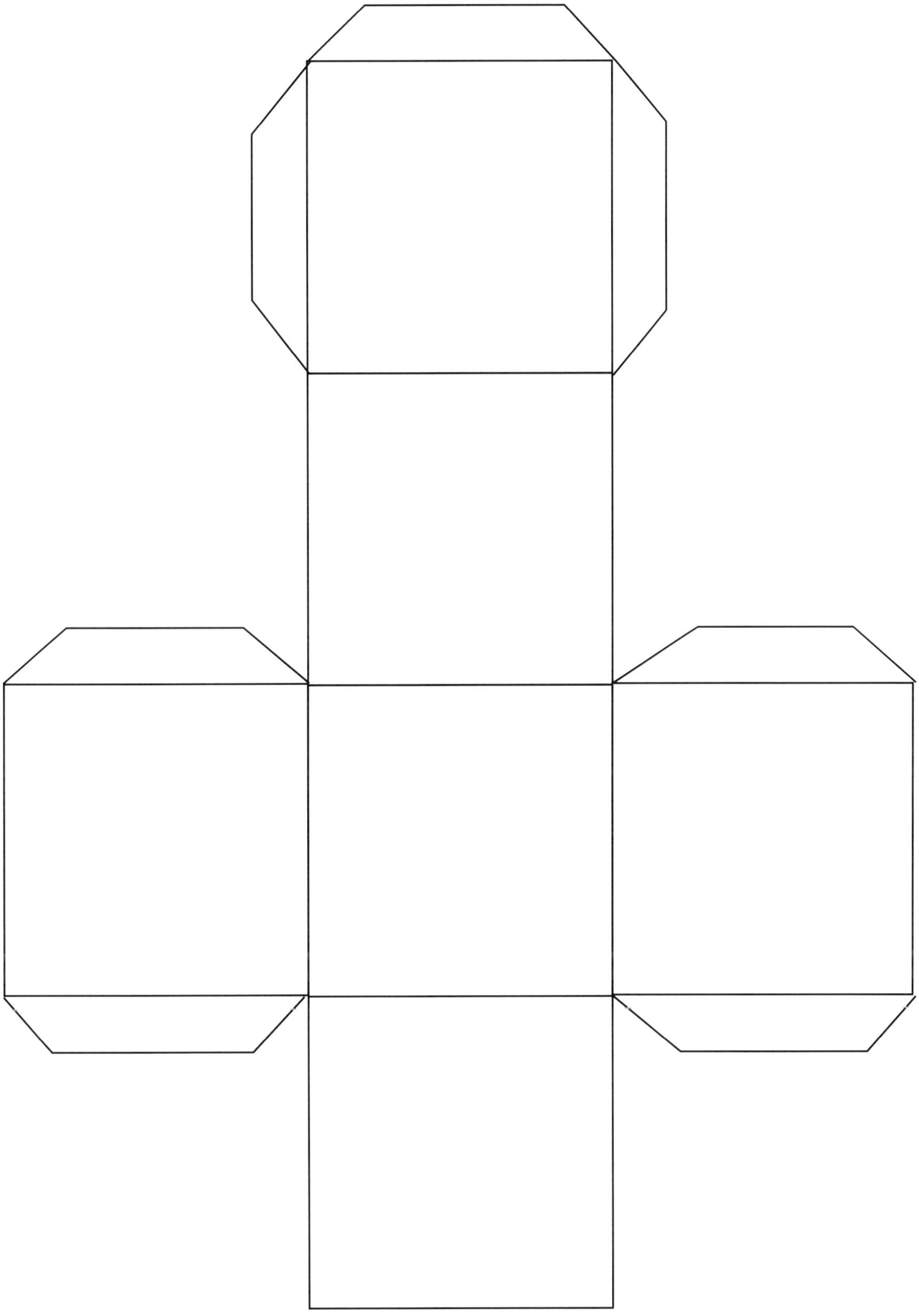

1.

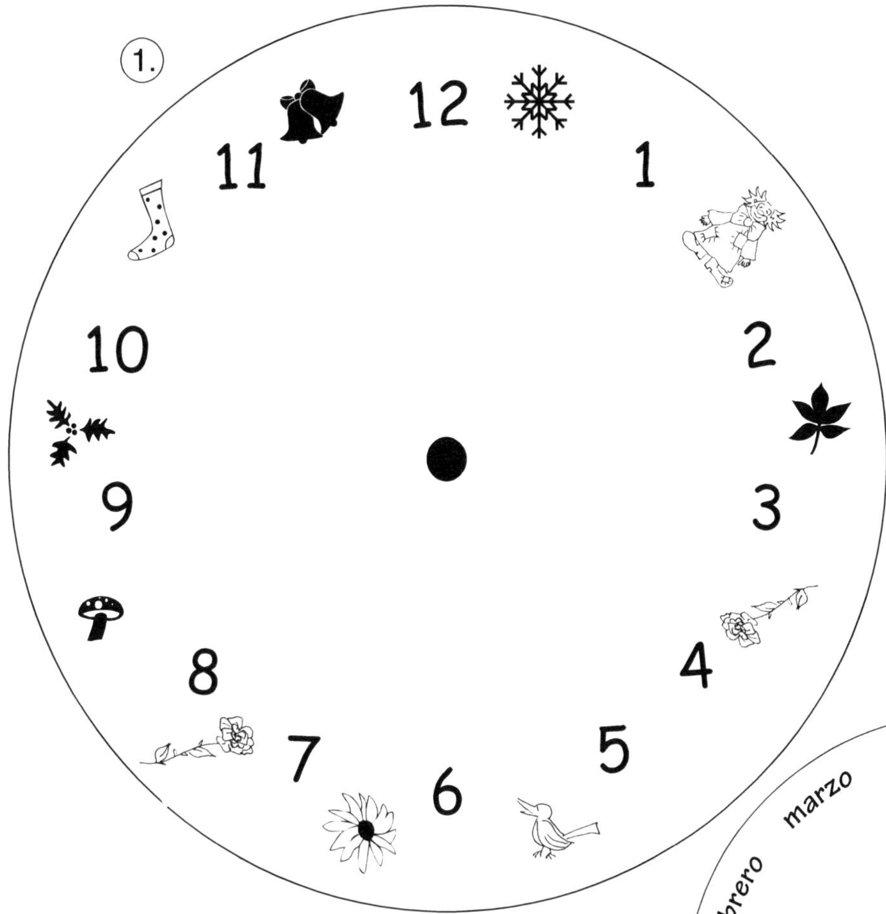
12
1
2
3
4
5
6
7
8
9
10
11

2.

enero
febrero
marzo
abril
mayo
junio
julio
agosto
septiembre
octubre
noviembre
diciembre

4.

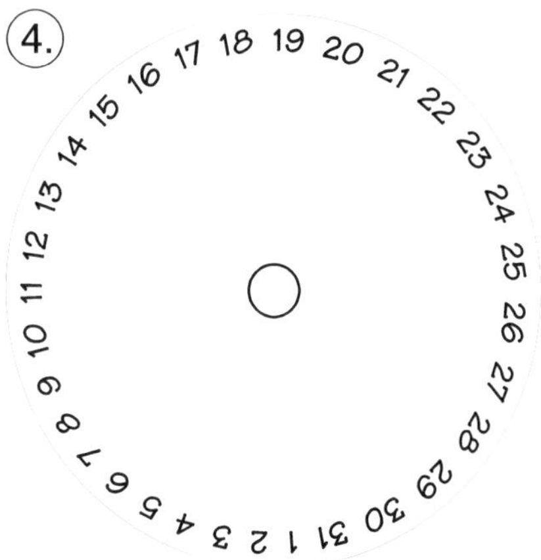
1 2 3 4 5 6 7 8 9 10 11 12 13 14 15 16 17 18 19 20 21 22 23 24 25 26 27 28 29 30 31

3.

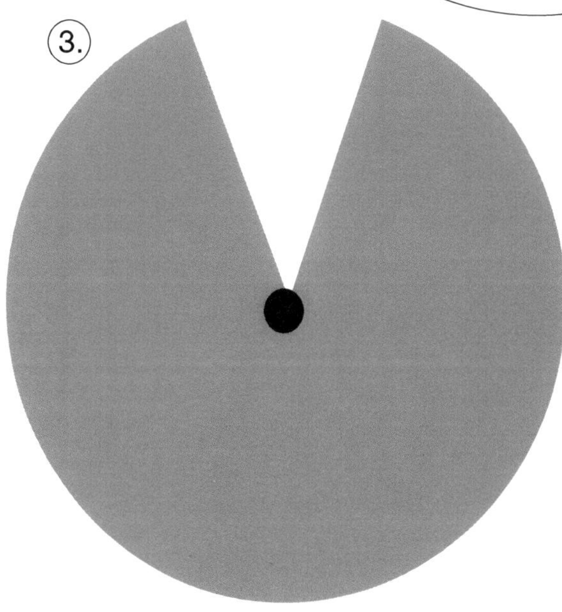

5.

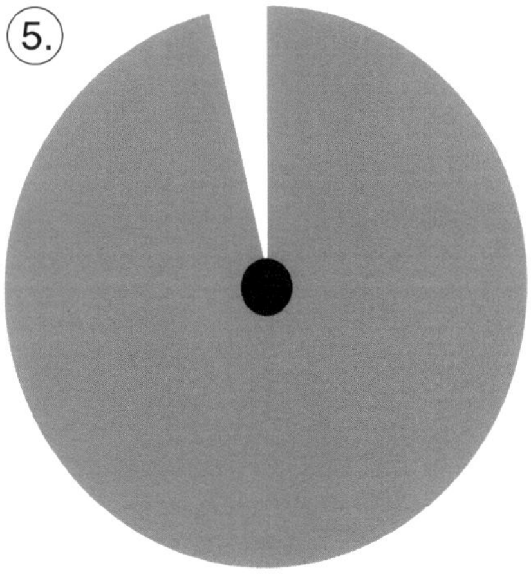

Página para fotocopiar nº 7

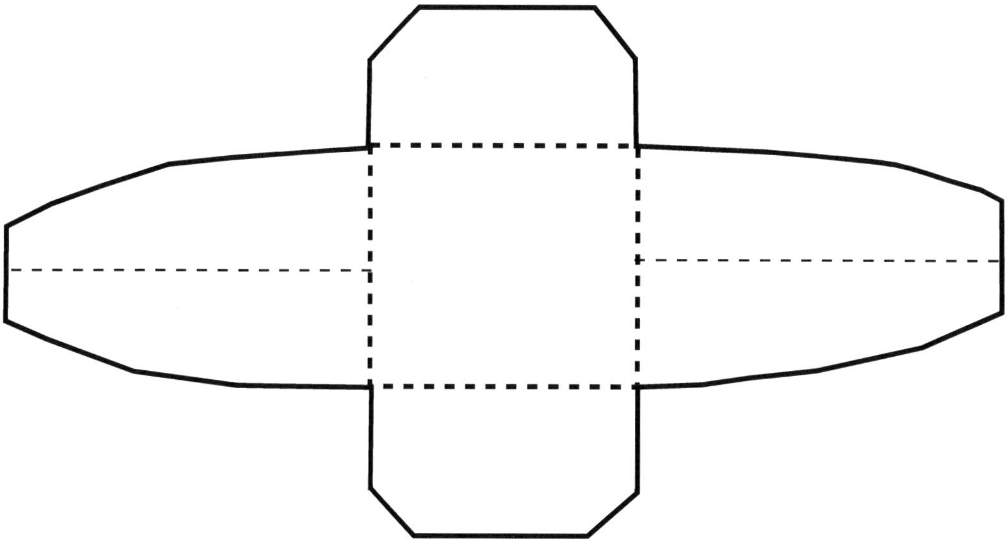

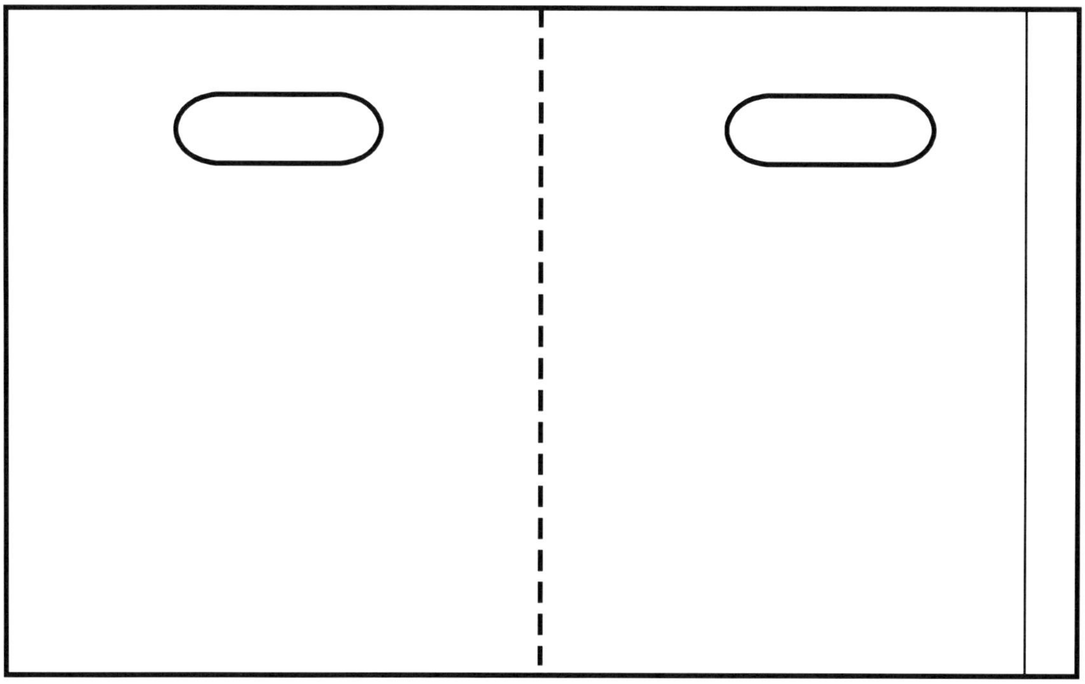

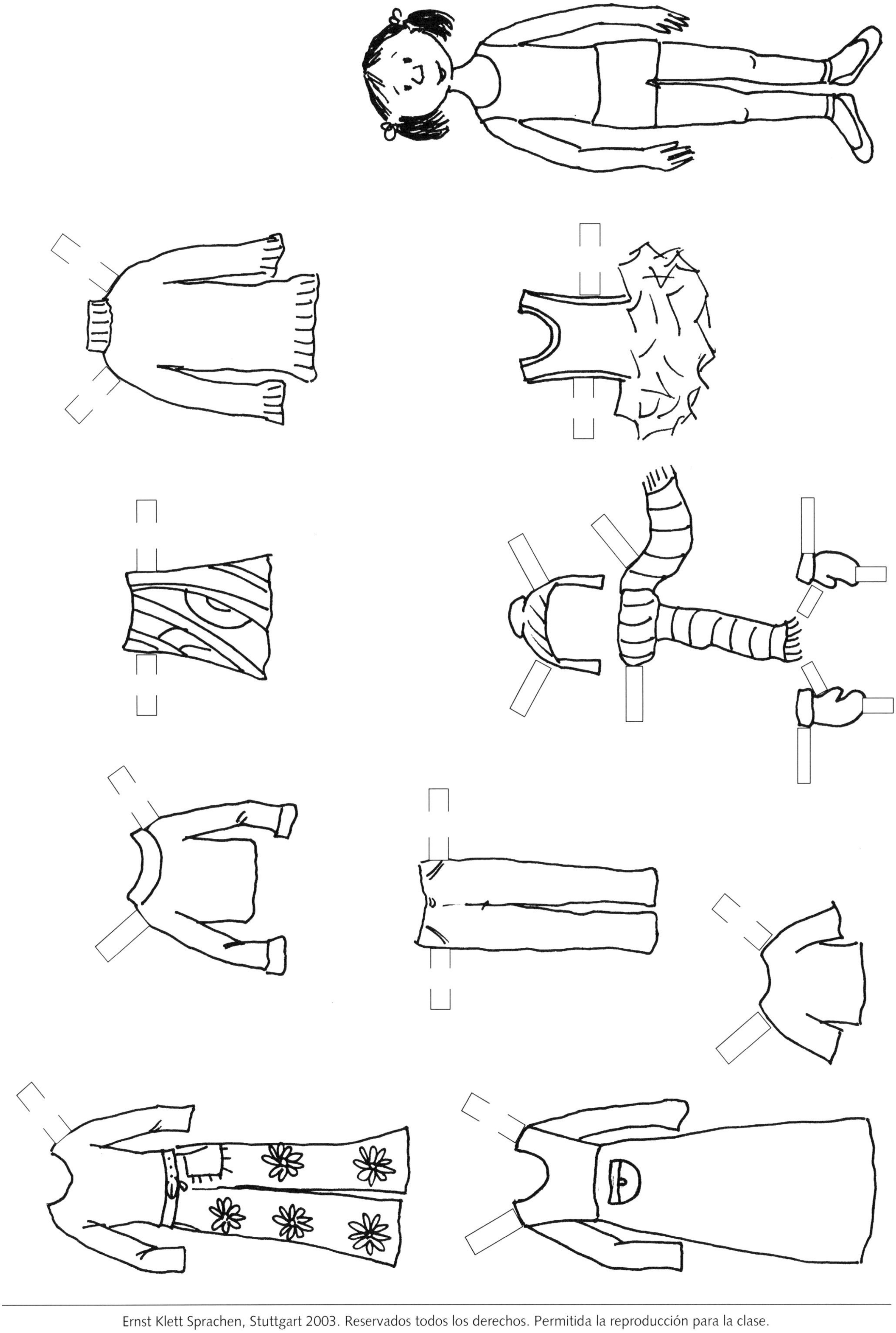

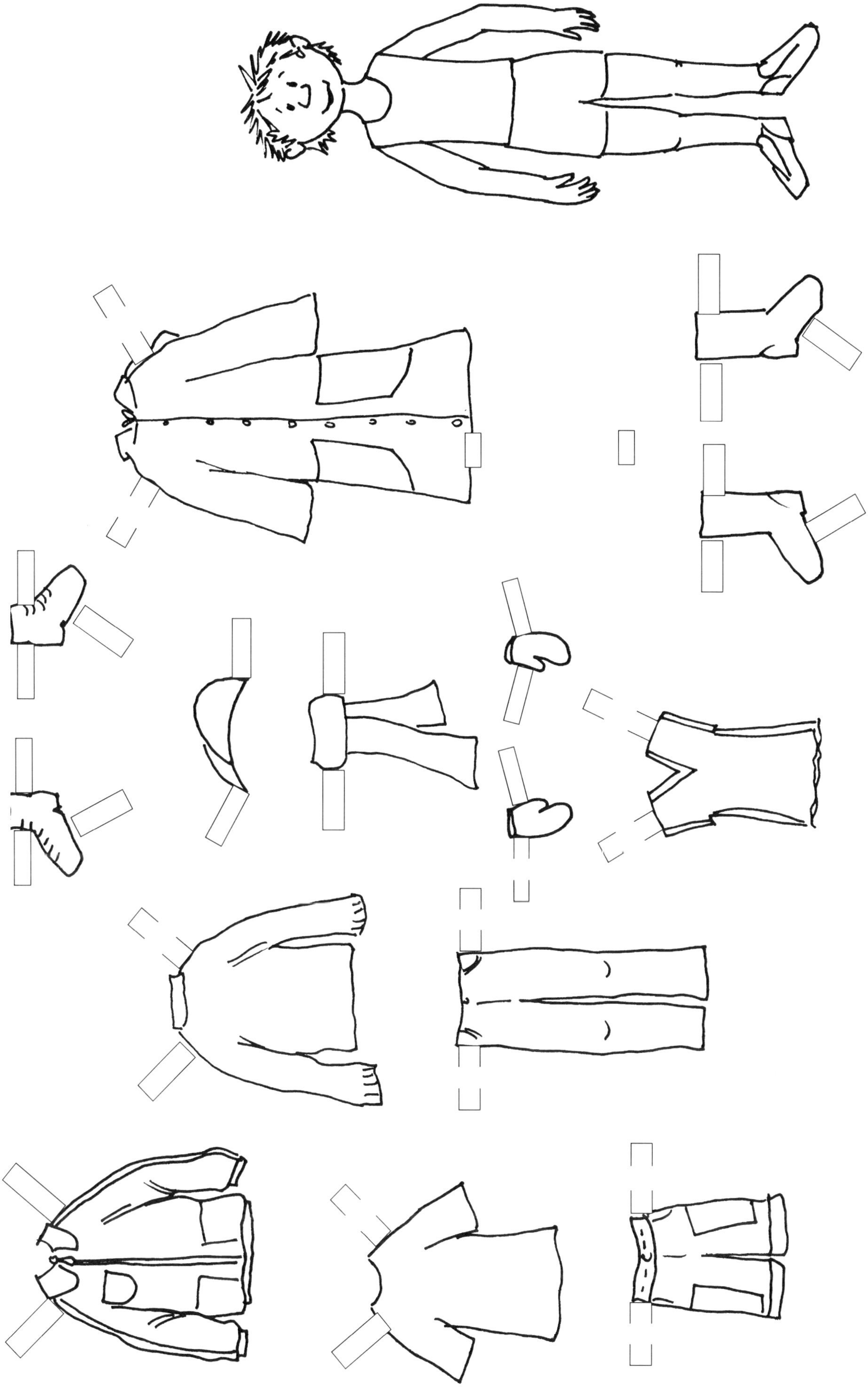

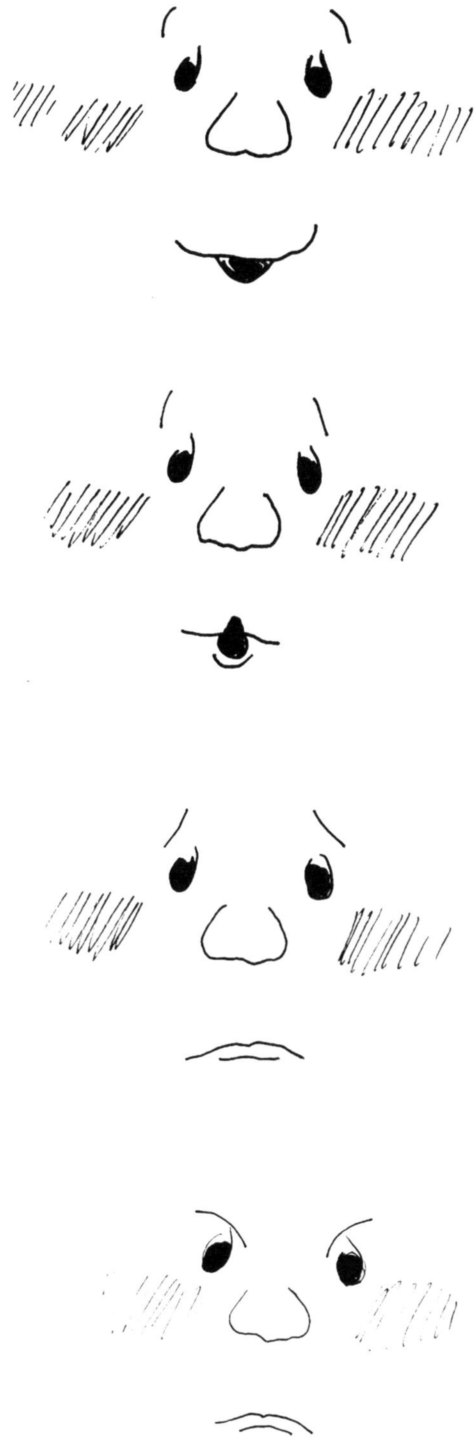

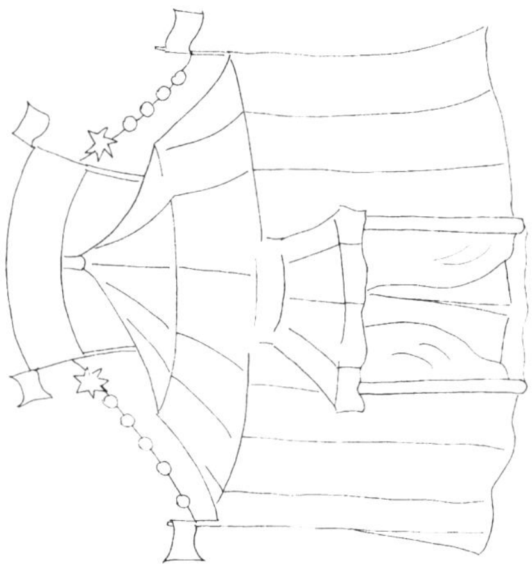

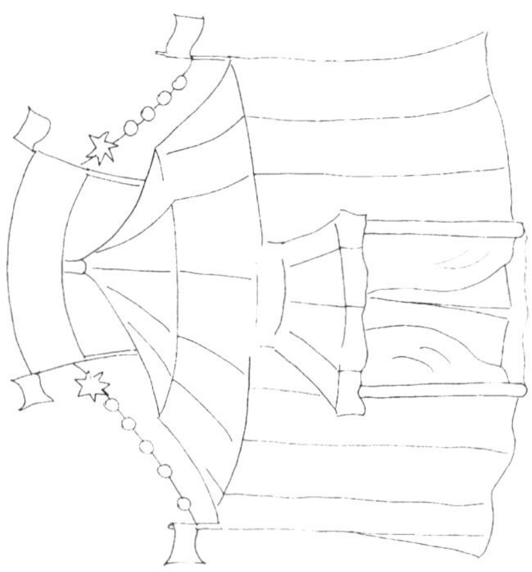

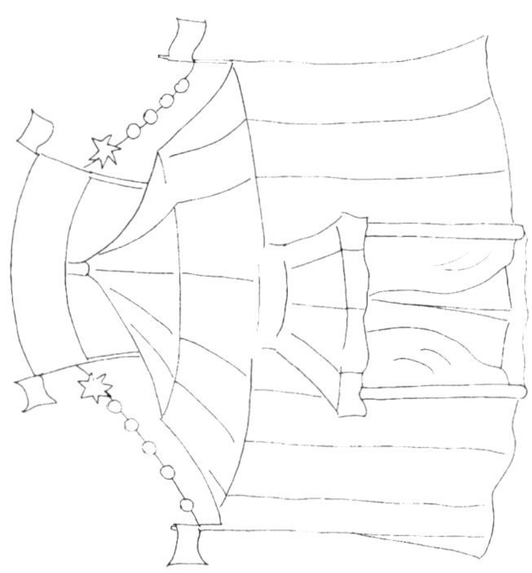

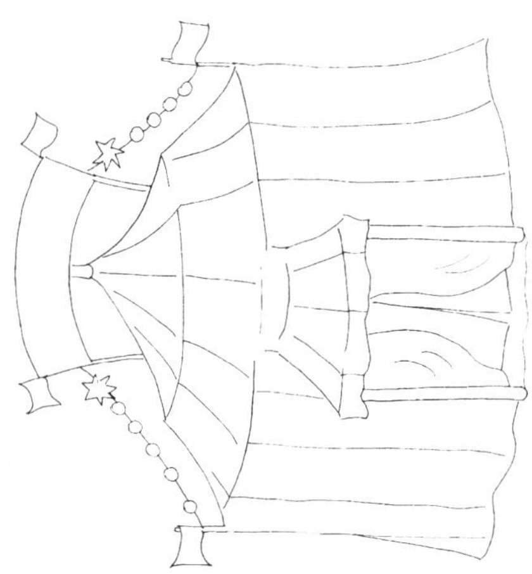

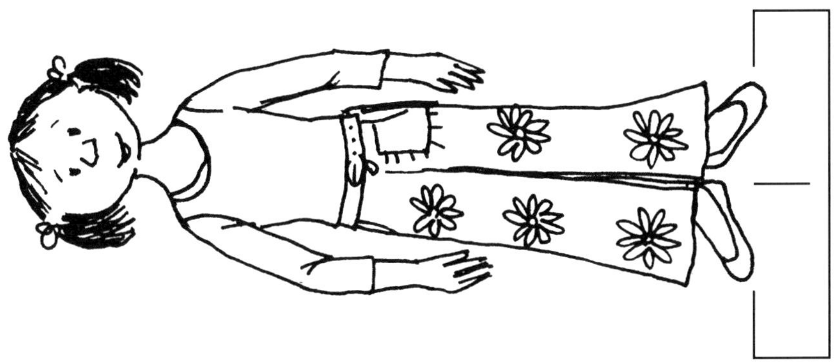

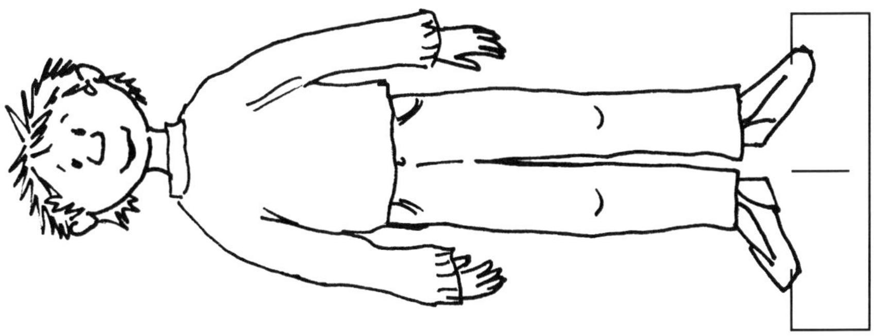